AF608745

POETIKDOZENTUR
LITERATUR UND RELIGION

6

POETIKDOZENTUR
LITERATUR UND RELIGION

Band 6

Das vermisste Antlitz

Suchbewegungen zwischen Poetik und Religion

Herausgegeben von
Jan-Heiner Tück und Tobias Mayer

FREIBURG · BASEL · WIEN

www.herder.de

Umschlaggestaltung: Verlag Herder
Umschlagmotiv: © in-future / GettyImages
Satz: Barbara Herrmann, Freiburg
Herstellung: PBtisk a.s., Přibram
Printed in Czech-Republic

ISBN Print 978-3-451-39375-4
ISBN E-Book (PDF) 978-3-451-82812-6

INHALT

Jan-Heiner Tück / Tobias Mayer

VORWORT

Das vermisste Antlitz – unter diesem Titel steht die dritte Sammlung an Vorträgen der »Poetikdozentur Literatur und Religion« an der Universität Wien. Der Titel soll kein gemeinsames Vorzeichen für die unterschiedlichen Beiträge dieses Bandes sein, das wäre ein allzu zwanghaftes Unterfangen. Vielmehr spielt das Motiv des vermissten Antlitzes auf einen Phantomschmerz an, den manche Schriftsteller ins Wort bringen, wenn sie darauf verweisen, dass etwas fehlt, wenn das größere Gegenüber fehlt. Auch lässt sich der Andere, der in der poetischen Rede vielleicht angezielt wird, nicht festhalten, so dass seine Nähe immer neu gesucht werden muss. Anders als Gedichte, die das Du als alter ego des lyrischen Ichs ansprechen und den Charakter eines poetischen Soliloquiums annehmen können, anders auch als Gedichte, die mit dem Du ein Gegenüber, den Freund, die Geliebte, den Anderen auf der anderen Seite des Textes anzielen, gehen die Psalmen Israels auf das unverfügbare Du Gottes. Sie sind umgetrieben von der Suche nach dem Antlitz des großen Gegenübers: »Herr, lass dein Angesicht über uns leuchten, dann ist uns geholfen.« (Ps 80,4; 27,8) Wenn Gott sein Gesicht verbirgt, wenn er Hilfe und Schutz verweigert, steht es für den betenden Rufer schlecht. Die Suche nach dem Blick der Anderen ist allerdings schon ein anthropologisch beobachtbares Phänomen, sie ist dem Menschen offensichtlich von allem Anfang an eingeschrieben. Schon Kinder betteln um die Aufmerksamkeit ihrer Eltern. Sie wollen bei den ersten Abenteuern, die sie in der Welt riskieren, begleitet, angeschaut und bestätigt werden: »Schau mal!«, rufen sie unentwegt, um für die kleinen Fortschritte in der Welterkundung zustimmende Blicke zu erhaschen. Und ist es in der Welt der Großen so viel anders? Leben nicht auch sie aus der Gnade der Aufmerksamkeit? Es ist nicht gut, wenn einem die Anerkennung dauerhaft verwehrt wird oder der Blick der anderen unversehens zum Gericht mutiert, das bloßstellt, anklagt und zur Selbstrechtfertigung zwingt. Noch schlimmer, wenn einer sein Gesicht verliert, weil er öffentlich einer Schwäche überführt wurde und das gnadenlos ausgeschlachtet wird. Strategien der Fremdbezichtigung bestimmen die heutigen Lebenswelten, wer sie beherrscht, kann von den eigenen Schwächen gut ablenken. Dabei wären – wie Peter Handke einmal notiert hat – wohl auch wir sofort besänftigt, wenn wir uns klarmachten, dass uns ein göttlicher Zuschauer bei allem fortwährend begleitet und anschaut. Wem die Annahme eines *spectator divinus* zu voraussetzungsreich oder steil ist, der kann das Motiv agnostisch brechen und einfach so tun, als ob es einen göttlichen Zuschauer gäbe: Hätte nicht dies schon heilsame Auswirkungen? Könnten wir nicht getrost davon absehen, uns immer wieder einmal auf Kosten anderer in die Mitte zu spielen, wenn wir uns vorstellten, dass wir gesehen werden und so angesehen sind?

Der gefallene Mensch aber ist immer schon aus dem Lichtkegel der liebenden Aufmerksamkeit des göttlichen Zuschauers herausgefallen. Er sucht nach Wegen, sich selbst zu verschaffen, was der *spectator divinus* ihm jeder Zeit geben könnte. Die Sehnsucht gesehen zu werden und angesehen zu sein, lässt sich allerdings nie ganz stillen, sie treibt weiter und weiter. Nicht unmöglich, dass die schmerzliche Einsicht in die Unstillbarkeit irgendwann doch die Suche nach dem Verlorenen wieder freisetzt und zurückkommt auf das, was die scholastischen Theologen das *desiderium naturale in visionem Dei* nannten.

Schon die abgeschwächte Variante eines desiderium nach dem desiderium kann ja die Suche nach dem vermissten Antlitz neu anstoßen. Und diese Suche ist möglicherweise schon Ausdruck eines anfänglichen Gefundenwordenseins, wie Pascal in seinen *Pensées* mutmaßte. Auf der Suche nach dem lebendigen Antlitz, das Schutz und Geborgenheit gewährt – unter diesen Titel könnte man die dialogischen Sprachbewegungen mancher Psalmen stellen. Der HERR, auf den sich Israel in seinem Beten bezieht, ist ja kein antlitzloses Mysterium, kein abstraktes Prinzip, kein metaphysischer Abschlussgedanke, sondern ein Du, das sich ansprechen lässt, auf das sich die bittende, dankende, lobpreisende, aber auch klagende, ja anklagende Anrede Israels bezieht. Das Abenteuer dieser Adressierung riskieren auch heutige Psalmen, selbst wenn sie nicht einmal sicher sind, dass der Adressat ihrer Anrede erreichbar ist oder überhaupt existiert.

Die Philosophie des Anderen, die Emmanuel Levinas entwickelt hat, kreist kaum zufällig um das Geheimnis des Antlitzes. Die Begegnung zwischen mir und dem Anderen, das *vis à vis*, stiftet Beziehung, ruft in die Verantwortung. Im unverhüllten Gesicht zeigt sich, wer der andere ist. Sich seinem Blick rückhaltlos auszusetzen, heißt zur Geisel zu werden und dem Imperativ zu folgen, nicht töten zu sollen. Die verletzliche Alterität des Anderen, die in der Epiphanie seines Antlitzes aufscheint, gilt es zu achten, unbedingt; sie kann neue Formen der Rede freisetzen, die nicht vorgestanzt sind, sondern der lebendigen Beziehung Ausdruck verleihen. Unbedingt ist auch die Sehnsucht nach der seligen Schau, die dem *homo viator* auf seiner Pilgerreise eingeschrieben ist. Davon zumindest war die mittelalterliche Theologie überzeugt. Das lebendige Geheimnis Gottes, das dem pilgernden Menschen nur im Glauben zugänglich ist, unverhüllt zu schauen, das war der eschatologische Fluchtpunkt des menschlichen *desiderium*, das Thomas von Aquin in seinen Hymnen poetisch besungen hat. Das spätmoderne »Unbehagen an der Immanenz«, von dem Charles Taylor gesprochen hat, kann wohl auch heute literarische Suchbewegungen anstoßen, die neue, eigene Wege beschreiten und von der Sehnsucht nach dem ganz Anderen auf ihre Weise umgetrieben sind.

Der vorliegende Band enthält vier Vorlesungen, die in den Jahren 2019 und 2020 im Rahmen der »Poetikdozentur Literatur und Religon« gehalten wurden, außerdem zwei ergänzende Essays und, als Ausklang, vier Gedichte. Am Anfang steht der Vortrag, der dem Buch den Namen gibt: Der deutsche Lyriker *Uwe Kolbe*, geboren 1957 in Ost-Berlin, stellt seine Überlegungen, die um das Material, die Strukturen und Formen des zeitgenössischen Gedichts kreisen, unter den Titel »Das vermisste Antlitz«. Entgegen jener Tendenz in der Lyrik des letzten halben Jahrhunderts, die affirmatives Sprechen vermied und höchstens in gebrochener Variation duldete, spricht Kolbe in seiner Poetikvorlesung aus dem Jahr 2019 von dem im Gedicht adressierten ›Gegenüber‹ und vom Sehnen, das sich poetisch artikulieren will, ohne seine Ernsthaftigkeit zu ironisieren. Weniger artifizielle Sprachakrobatik aus dem Labor und mehr »unverkrampfte Anwesenheit« sei geboten. Zu den im Untertitel genannten »Fragen« an das Gedicht gehört dann auch diese: »Warum also weigerst du dich, Gedicht des 21. Jahrhunderts, die Sprache der Liebenden zu sprechen?« Kolbes stichprobenartiger Rundumblick auf die Gegenwartslyrik endet mit autobiographischen Notizen über die Erfahrungen eines Dichters, der mit Psalmengedichten[1] die Diskurslandschaft vor den Kopf stieß und sich plötzlich marginalisiert sah.

1 Uwe Kolbe, *Psalmen*, Frankfurt/M. 2017. Vgl. dazu das Gespräch mit Jan-Heiner Tück: *»Ich fasse nicht, was mich fasst«. Uwe Kolbe über Lyrik heute, seine*

»Das Ich im Wir«, der Beitrag der kärntner-slowenischen Schriftstellerin *Maja Haderlap* (geb. 1961 in Bad Eisenkappel/Železna Kapla), ist ein Essay über die Poetik der Sprachen und folgt dabei den Verästelungen und Kontexten ihrer eigenen Werkgeschichte.[2] Immer wieder geht es dabei um die Beziehungen des Slowenischen und des Deutschen, die in Kärnten bekanntlich einen »jahrzehntelangen politischen und kulturpolitischen Konflikt« durchlitten haben. Haderlap erzählt in ihrer Vorlesung von 2019 nebenbei ein gutes Stück der Geschichte der Kärntner slowenischen Literatur, die sich erst spät als Teil der österreichischen Literatur etablieren konnte. Immer wieder sind es Motive wie Heimat, Zugehörigkeit und Entfremdung, Erinnerung und Vergessen, Weggehen und Zurückkommen, die umkreist werden. Nach all dem lange geübten »Balancieren zwischen den Sprachen« findet Haderlap für die Relation des Slowenischen und Deutschen das Bild eines gemeinsam altgewordenen Paares, das voller Differenzen bleibt und doch von- und miteinander lebt.

Barbara Honigmann, geb. 1949 in Ost-Berlin, gehört zur »zweiten Generation« deutsch-jüdischer Literatur nach dem Bruch der Shoah.[3] Die Eltern haben im Exil überlebt und sind nach Deutschland zurückgekehrt, und zwar, das war die Hoffnung, ins »bessere«, antifaschistische Deutschland. Honigmann nimmt sich in ihrer Vorlesung zwei junge Schriftsteller vor, die sich – bemerkenswerte Koinzidenz – etwa gleichzeitig (um

Gedichtsammlung Psalmen und irritierende Erfahrungen mit dem Literaturbetrieb, in: IKaZ Communio 48 (2019) 521–533. Zuletzt erschien: *Die sichtbaren Dinge. Gedichte*, Leipzig 2019.

2 Zuletzt Maja Haderlap, *Engel des Vergessens. Roman*, Göttingen 2011; *Langer Transit. Gedichte*, Göttingen 2014.

3 Zuletzt Barbara Honigmann, *Georg*, München 2019; und: *Unverschämt jüdisch*, München 2021 (die Vorlesung Honigmanns wurde in diesem Band erstmals abgedruckt).

1914) zurückziehen und, allen weltgeschichtlichen Wirren zum Trotz, an singulären Werken arbeiten. Nicht unwesentlich ist es dabei, dass sich beide stets mit ihrer jüdisch-deutschen Identität »herumschlagen«: Im Spannungsfeld von Assimilation und selbstbewusster Identität stellt sich ihnen – wie auch der Autorin selbst – immer neu die Frage: Schriftsteller und Jude zugleich sein, was kann das heißen?

Patrick Roth geht in seiner Vorlesung auf einen Tauchgang und bringt vier Bilder an die Oberfläche. Diese lassen sich einerseits auslegen im Blick auf den Unterscheidungsprozess im eigenen künstlerischen Schaffen, anderseits werfen sie auch Schlaglichter auf das Dunkel des Unbewussten der Psyche. Der 1953 im Freiburg im Breisgau geborenen Schriftsteller, der sich seit langem mit Tiefenpsychologie und Traumanalyse beschäftigt, sucht den Dialog mit der Kreativität des Unbewussten, dieser unerschöpflichen Quelle an Bildern. In einem Tagebucheintrag notiert er eine rätselhaft-verstörende Traumsequenz, in deren Zentrum das Symbol des Kreuzes steht. Roth zeigt in seiner Poetikvorlesung aus dem Jahr 2020, wie dieses Erlebnis seine Arbeit am Text beeinflusst[4], wie er aber auch existenziell immer wieder auf das Kreuz – als Symbol, Fixpunkt, Archetyp – stößt, wie er es auffindet und von ihm angefragt wird.

Es folgen zwei Texte, die nicht unmittelbar auf Wiener Poetikvorlesungen zurückgehen, die sich aber aus dem Gespräch mit den Autoren ergaben: Vom schwäbischen Schriftsteller *Karl-Heinz Ott* (geb. 1957), der 2021, in Pandemie-Zeiten, im Rahmen der Poetikdozentur einen digitalen Hölderlin-Vortrag gehalten hat, drucken wir die einst ent-

4 Insbesondere Patrick Roth, *Sunrise – Das Buch Joseph. Roman*, Göttingen 2012; und zuletzt *Gottesquartett. Erzählungen eines Ausgewanderten*, Freiburg – Basel – Wien 2020.

legen publizierte Miniatur »Unterwegs«, die ihren Ausgang von einem Wiener Erlebnis nimmt. Theater und Gotteshaus stehen sich hier als »Bühnen« gegenüber und deuten Rückschlüsse an auf ein Verwandschaftsverhältnis von religiöser und künstlerischer Erfahrung. Bei *Thomas Hürlimann* hingegen ist es wiederum das Kreuz, das die Phantasie des Dichters beflügelt und ihm seine Religionsbiographie in Erinnerung ruft. Der 1950 in Zug geborene Schweizer Autor lässt kulturkritische Klänge vernehmen, wenn Kreuze abgehängt, wenn ihre Symbolik unsichtbar gemacht werden soll – auch hier ist es ein Antlitz, das vermisst wird …

Den Abschluss bilden vier Gedichte von *Frank Schäfer*, geboren 1966 und Lyriker in Freiburg i.Br., die das Gesicht des Menschen umkreisen. Schutzlose Augen zeigen die Verletzlichkeit und leere Hände die Bedürftigkeit an – und das Gesicht des anderen, das in der Begegnung »einschlagen« kann, hinterlässt Spuren, verändert das Eigene. Sich dem Gesicht des anderen auszusetzen, heißt jedenfalls immer auch, bereit zu sein ein anderer zu werden – und so Verantwortung zu übernehmen.[5]

5 Frank SCHÄFER, *Primspuren. Gedichte*, Berlin 2019; DERS., *Stille Feiung. Gedichte*, Berlin 2021.

Uwe Kolbe

DAS VERMISSTE ANTLITZ

Fragen an das zeitgenössische deutschsprachige Gedicht

Ihr da drinnen, verurteilt meinen
Mangel an Glauben nicht zu rasch;
ihr da draußen, spottet nicht zu rasch
meiner exzessiven Leichtgläubigkeit;
ihr, die ihr gleichgültig seid, witzelt nicht zu rasch
über mein ewiges Zaudern.
Bruno Latour

Das Antlitz spricht. Die Erscheinung des Antlitzes ist die erste Rede. Sprechen ist vor allem anderen diese Weise, hinter seiner Erscheinung, hinter seiner Form hervorzukommen, eine Eröffnung in der Eröffnung.
Emmanuel Lévinas

Wie sollen sie aber den anrufen, an den sie nicht glauben?
Wie sollen sie aber an den glauben, von dem sie nichts gehört haben?
Wie sollen sie aber hören ohne Prediger?
Wie sollen sie aber predigen, wo sie nicht gesandt werden?
Römer 10,14f

For my part, I prefer my heart to be broken.
D. H. Lawrence

Abgesehen davon, dass hier selbstverständlich nur vom deutschsprachigen Gedicht die Rede sein kann und dass ein Hinweis auf die Unüberschaubarkeit allein dieses Teils zeitgenössischer Literatur nur stichprobenartig gegeben wird, hat die Rede eine Vor- und eine Nachgeschichte mit Ihnen zu teilen.

Die Vorgeschichte handelt von der zwiefachen Sehnsucht, die zur Entstehung des Gedichts führt. Die erste Sehnsucht will hinaus auf das Sprechen-als-Schreiben. Sie treibt zur aktiven Suche nach dem wirklich eigenen Ausdruck, und zwar nicht nach irgendeinem, sondern nach dem passenden, aber wozu passenden?, nach dem aussagekräftigen Wort, aber was genau sagend?, nach der Form der Zeile, des Gedichts, aber nach welcher unter den möglichen, die schon waren, von denen du schon weißt oder von denen du noch erfahren wirst?, nach welcher Form unter den möglichen, die noch nie waren und von denen im Fall des Gelingens eine von dir bestehen könnte?, nach der Lösung des Problems, aber welches Problems, ach wenn, wer das Gedicht schreibt, es nur wüsste? Eines *künstlerischen* Problems? Gottfried Benn (1886–1956) stellt diese Art Fragen öfter, einmal fasst er sie zusammen wie folgt (um die Gegenwart von 1950 aus anzusteuern):

> Alle haben den Himmel, die Liebe und das Grab,
> damit wollen wir uns nicht befassen,
> das ist für den Kulturkreis besprochen und durchgearbeitet.
> Was aber neu ist, ist die Frage nach dem Satzbau
> und die ist dringend:
> warum drücken wir etwas aus?
>
> Warum […]
>
> Überwältigend unbeantwortbar!
> Honoraraussicht ist es nicht,
> viele hungern darüber. Nein,
> es ist ein Antrieb in der Hand,
> ferngesteuert, eine Gehirnanlage,
> vielleicht ein verspäteter Heilbringer oder Totemtier,
> auf Kosten des Inhalts ein formaler Priapismus,
> er wird vorübergehen,
> aber heute ist der Satzbau
> das Primäre.

»Die wenigen, die was davon erkannt« – (Goethe) –
wovon eigentlich?
Ich nehme an: vom Satzbau.

So gewohnt ironisch-pathetisch Benns Gedicht daherkommt, so poetologisch-handwerkermäßig in seinen (hier gekürzten) Parenthesen, so typisch ist es auch darin, dass dem elegant zynischen ersten Satz kaum mehr folgt als ein Bonmot. Die initiierende, die »dringende« Frage nach dem Warum des künstlerischen Tuns – das Gedicht beantwortet gerade sie nicht. Dabei geht es einer anderen Frage sehr wohl nach. Die lautet ganz selbstreferentiell aus gutem Grund: Wie? Ein Lacher für die Zunft, der aus der Nebengasse herüberklingt. Selbstverständlich einer, der trifft. Das erste Sehnen nämlich zielt genau auf dieses Wie, mit Benns Ausdruck auf den »Satzbau«! Der Person, die an dem Gedicht arbeitet, ist es nicht notwendig sofort bewusst, wird jedoch in dem *Trial-and-Error*, das mit der ersten Zeile einsetzt und nicht vor der letzten des Lebens endet, immer deutlicher: Der Abstand zwischen Herz, Hirn und, notabene, dem Auge einerseits und der schreibenden Hand andererseits ermöglicht die Erfüllung dieser Sehnsucht. *Diese* treibt zur Arbeit, zu dem poetischen Machen (wenn Sie den Pleonasmus gestatten): Diese Sehnsucht wird – und sei es an einem fernen Tag, und sei es für niemand sonst als nur für die Person, die da bosselt, sei es nur für deren Besessenheit, sei das Ergebnis im schlimmsten Fall ein großes Missverständnis, mache sich damit jemand zum Gespött der Welt, werde das alles vielleicht nur irgend ein bescheidenes Mal von Erfolg gekrönt, wird zu Lebzeiten das Gefühl des Gelingens überhaupt nur im stillen Kämmerlein erlebt – die Sehnsucht, der das alles folgt, wird erfüllt. Und zwar in Maß und Form. In nichts anderem und nirgendwo sonst.

Die zweite Sehnsucht hätte zuerst genannt werden können. Weil sie ursächlicher ist. Aber es verhält sich mit ihr auch komplizierter. Das Machen war schon im Gange, als dem zweiten Sehnen sein irrationales Objekt, sein von nun an vorwiegend äquidistantes Ziel vor das innere Auge trat. Sein unerreichbares Ziel, um deutlich zu sein. Dieses Sehnen hat sehr viel mehr als Benns berühmtes Gedicht mit dem Warum zu tun. Nicht so sehr mit jenem »Antrieb in der Hand«, sondern mit einem Trieb, der im Fall, es ist Ernst, die ganze Person erfasst und nie wieder loslässt. Dies Sehnen geht, mag sein unfreiwillig, mag sein zögerlich, in jedem Fall darauf aus, das Hervorgebrachte möge gelesen, gehört und, ja: *erhört* werden.

Der Widerspruch zwischen künstlerischer Zweckfreiheit einerseits, die auf Maß und Form zielt, und der Hinwendung zu einem Adressaten, einer Adressatin andererseits ist offensichtlich. Er ist aber nur dann einer, wenn die Vorstellung von einem konkreten Gegenüber im Gedicht oder außer ihm gemeint oder wenigstens vorausgesetzt ist. Das kann ja auch gut sein. Dichtung, die lyrische sowieso, die epische aller Kulturen inklusive, ist Sprache des Eros (geläufigerweise nenne ich den griechisch-antiken Namen des Dämons).

Der poetische Aufwand, der um die Liebe, um das, was Menschen so nennen und das, was sie unter diesem Namen immer wieder für etwas in Worten Bestimmbares, Erklärbares, gar dingfest zu Machendes halten, seit dem ersten Ach! und Oh! getrieben wird, erklärt sich selbst oder auch nicht. Er muss nur getrieben werden. Und er folgt offenkundig Kräften, die alles und jedes zu bewegen in der Lage sind. Die Akademie würde diesen Liebesaufwand wohl verlachen, wenn sie nur könnte. Literatur- und sprachwissenschaftliche Fakultäten jedenfalls backen ihre Brötchen oder wenigstens einen guten Teil genau daraus, das heißt auf der ewigen

Flamme der Liebe in Dichtung wie Sprache überhaupt. Nicht wahr? Von der Theologie wage ich nicht zu behaupten, was an ihr auf Liebe beruht.

Die zweite Sehnsucht richtet sich also gelegentlich auf eine konkrete Person. Nur findet sie selten Erfüllung nach dem Muster: »Hör mein Gedicht und also erhöre mich.« So läuft das nicht! Weil die da hinter dem Vorhang, der oder die Andere (groß geschrieben) als das persönliche Andere sowohl außen bleibt wie auch innen ist. Es handelt sich in Wahrheit um eine Korrespondenz innerhalb der sich sehnenden Person. Manifest ist sie im fertigen Gedicht. Sie wirkt in jedem Versuch poetischer Sprache, rumort, gärt, kocht. Ihre beiden Pole entziehen sich zugleich, das heißt, sie bleiben einander unerreichbar. Was bleibt, ist in dem Raum zwischen nie ganz Scheitern und nie ganz Gelingen die Bereitschaft zum nächsten Versuch, er führe in Himmel oder in Höllen. Was wären Beatrice oder Laura, wenn nicht, real umso unerreichbarer und entrückter, nur stärker der Grund für Dichtung? Ihr Leben lebend im Gedicht, das sie hervorgebracht haben und speisen, als begegneten Lebende einander, während das Gedicht sie doch hervorgebracht hat. Das Gedicht, das wiederum Leben stiftet. Jeder verliebte junge Kerl ein Romeo. Jede Prophetin im eigenen Land eine Kassandra. Jede untröstlich Verlassene eine Dido. Jede Liebe, die gegen die Konvention verstößt, eine zwischen Tristan und Isolde. Jeder, der sich auf Irrfahrt befindet, ein Ulysses. Um geläufige Namen zu nennen. Dichtung braucht und gebraucht große und größere Namen. Vor allem aber ist sie es, die solche Namen hervorbringt für das sonst Namenlose. Im Anfang war das Wort. Was sonst?

Ob das rezente deutschsprachige Gedicht in seiner Masse an dem Prozess von Neuerfindung, Belebung, Rückbindung in

Tradition teilhat, ob es in der Lage ist oder sein will, ob es sich dem eventuell zu seinem eigenen Schaden verweigert?

Im 20. Jahrhundert traten bekanntlich brutale Unterbrechungen ein. Lyrische Affirmation wurde eins ums andere Mal aus nachvollziehbaren Gründen für etwas Erledigtes und von der Dichtung nicht mehr zu Erwartendes erklärt. Das in den Ismen des Jahrhundertanfangs längst um und um, in Brechung und Neuerfindung gewendete Gedicht, im Nachgang des industrialisierten Menschenfressens der Kriege, der Totalitarismen zerfetzt und namentlich nach Auschwitz für unmöglich erklärt, wurde ohne Unterlass weiter geschrieben. Das abertausendfach auf dem Boden der Verweigerung Entstehende thematisierte den Bruch, trat sich immer wieder selbst auf die Kehle. Es hörte aber nicht auf.

Und offensichtlich stellt sich für das Gedicht der Gegenwart die Frage nach der Zulässigkeit der Affirmation noch immer. Angesichts des hohen Haufens gedruckter Verweigerung poetischer Rede, der sich den alten Namen Gedicht gibt, stellt sie sich sogar laut. *Den*, den oft missverstandenen Namen ich hier einmal übersetzen will mit: das Sagende.

Der massenhafte Griff ausgerechnet nach dieser Kunstform bis heute und gerade heute ist bei diesem Befund sowieso paradox. Um noch einmal auf den wesentlich subjektiven Charakter dieser Tätigkeit und in der Regel auch der Rezeption dessen, was sie hervorbringt, zu kommen: Die andere Person, das andere Ufer, die Instanz, das Gegenüber bist so oder so auch du selbst. Wer immer auf das Gedicht ausgeht, führt willentlich oder nicht ein Selbstgespräch. »Ich ist ein Anderer«, so produktiv wie irremachend das ist. Dass es auch für die individuelle Rezeption gilt, im Sinne der vorhin genannten Korrespondenz im Inneren der Person, gibt dem Vorgang überhaupt erst Sinn. Kerstin Preiwuß, geb. 1980, bringt es am Schluss ihres 2016 erschienenen Gedichts

Die Windsbraut schläft in mir trotz der hochgreifenden retardierenden Zeile schlicht und privat auf den Punkt:

> [...]
> Der Wind ist draußen.
> Ich bin allein.
> So klingt Verlassenheit.
> Ich weiß dass das ein Mythos ist.
> Was in mir tobt bin ich.

Robert Ranke-Graves (1895–1985) gab dem höchsten lyrischen Antrieb 1948 den Namen der *Weißen Göttin*. So sehr diese allerdings als echter Mythos über der Nacht dichterischer Empfänglichkeit thronte, so oft auch tagsüber bei der Hand sie war, seit Homers Zeiten unter vielen Namen angerufen mit großem Pathos, lebt sie fort trotz Ablehnung und Spott und Verächtlichmachung als Musenkuss, der als wohlfeil gilt. Das ist er bekanntlich nicht. Der Satyr Marsyas hat die Musen als Jury im Sängerwettstreit erlebt. Es kostete ihn seine Haut.

Weil sie aber nicht nur in der höheren Sphäre, sondern zugleich im Poeten und in der Poetin selbst thront, bleibt sie erst recht vollkommen unerreichbar. Gelindert wird das Unerfüllte gelegentlich durch weltliche Liebe oder auch zerfressen von ihr, projiziert auf Teufel-komm-raus oder sublimiert bis zum schrecklich-schönen Engel Rilkes oder den irisierenden Gestalten in Trakls Versen.

Um etwas Passendes von der derzeit wohl rüdesten Poetin des deutschen Sprachraums anzuführen, Ann Cotten, geboren 1982, beendet ein 2007 erschienenes Gedicht mit dem wissenschaftlichen Titel »Metonymie«: »Okay, wir machen Fehler. Doch es lacht / ob unsrer Anstalten das blanke Sein.« – Eine Formulierung, die in Syntax und Wortwahl alle sonst waltende Lässigkeit, Rotzigkeit des intellektuellen Spiels konterkariert mit dem Verweis auf Transzendenz. Was wäre

»das blanke Sein«, wenn es lacht? Höchste anzurufende Instanz. Ist das ein Trick der Autorin? Ja, ein poetischer. Ringelnatz kannte ihn sowieso, auch Rolf-Dieter Brinkmann oder Thomas Kling. Inspiriert von Heiner Müllers heißem Besteck, wendet ihn Durs Grünbein auf dem kalten Porzellan seiner Verse an. Er funktioniert eine Weile.

Eventuell ist die Formulierung Ann Cottens aber auch, pars pro toto, ein Luftzug aus der Tiefe der Tradition, der das Kartenhaus der Moden des Poesiebetriebs aus ihm selbst heraus flattern lässt?

Was hat das bisher Gesagte mit Religion zu tun? Vom Grund her alles. Von Prägung, Sehnsucht, Aufbegehren, dem Finden der eigenen Sprache und deren Ort zwischen Diesseits und Jenseits alles. Von den Altären der Konfessionen wenig bis gar nichts.

Die folgende Einlassung stammt von der einflussreichen Dichterin Monika Rinck, geboren 1969. In einem Essay von 2013, aktuell nachgedruckt als Prolog eines Lesebuchs mit einiger ihrer Theorie und Dichtung, heißt es unter der Überschrift *Nach der Poesie*: »Ha, hier schon wieder, der erwartungsvolle Blick ins Künftige. Man bekommt etwas, man verliert etwas. Das hat die Modernisierung eben so an sich – und um die meisten Dinge ist es auch wirklich nicht schade.« Die Autorin des Satzes gehört zu einem Netzwerk des öffentlichen Gesprächs über Poesie, wie es seit der Gruppe 47 nicht mehr bestand. Dieses Buch-, Anthologie-, Festival- und Literaturpreis-weite, von allen interessierten Medienteilnehmerinnen und -teilnehmern geführte Gespräch über Poesie ist ein dominanter Diskurs. Und der vorstehende Satz verliert in der Praxis des Literaturbetriebs, der sich in den letzten Jahren im Gefolge eben dieses Diskurses der Wahrnehmung des Gedichts im Sprachraum auch institutionell bemächtig hat, jeden Anschein von Ironie. Ich nehme an, den hat die eine, der andere im Saal eben noch konzediert: » … um die meisten Dinge ist es auch wirklich nicht schade.«

Oder hören Sie Durs Grünbein, geboren 1962, in seinem Bändchen mit Epitaphen von 1994 unter dem Titel *Den Teuren Toten*, der sich selbstverständlich satirisch versteht:

> Wie kreuzgefährlich Rituale sind, auch unter Christen,
> Zeigt eine Hiobsbotschaft aus Südafrika.
> In einem Fluß in Swaziland, bei einer Taufe,
>
> Ertrank ein junger Schwarzer. Noch bevor der Spruch
> Des Priesters ganz zu Ende war, trug ihn die Flut davon …
> […]
> Sein Kopf,
> Melonengleich, trieb erst zur Mitte, dann versank er […]
> … Halb schon Christ,
>
> Und halb noch Heide, ging er zwischen beiden Ufern
> Verloren in den trüben Wellen, bis er röchelnd
> Das Sakrament des Krokodils empfing.

Wer bei Grünbeins Epitaphen entfernt an die Sammlung der bösen Vorfälle des Carl von Linné denkt, an seine *Nemesis Divina*, möge sich schämen. Die passende Assoziation zu diesem Krokodil findet sich bei einem anderen Sachsen, beim verehrten Joachim Ringelnatz. Bei ihm tritt ein Reh auf, das bekam »einen ganz kleinen Stips, und da war es aus Gips.«

Es wird also Zeit, mit Augustinus (354–430) sich ein deutlich anderes *Künftiges* zu wünschen, » … nicht auf dem Wege zurückzubleiben, und von einigen Tautropfen des Herrn aus den Wolken der Schriften hinzugelangen wie der Hirsch zum lebendigen Quell.« Obwohl schon der anschließende Satz des großen Schriftstellers und Gelehrten einschränkt: »Ich weiß freilich, diese Sehnsucht ist in wenigen, und wirklich verstehen mich nur, die gekostet von dem, aus dem ich rede.«

Leider habe ich mir ein anderes Thema gestellt: Fragen an das Gegenwartsgedicht.

Die Grundlagen der wissenschaftlichen Weltanschauung des zeitgenössischen Gedichts legte im Gefolge von Bertolt Brecht und Gottfried Benn auch Hans Magnus Enzensberger, geboren 1929. Das folgende Gedicht erschien 1995:

A

Bevor du B sagst, verweile doch,
horch, bedenk,
was du gesagt hast. Ein Vokal,
der wenig bedeutet,
viel in Bewegung setzt.
Einmal den Mund aufgemacht,
und du treibst deine sterbliche Hülle
zu Leistungen an
von kosmischer Komplexität:
ganze Kaskaden von Reizen,
Berechnungen, Turbulenzen,
hinter dem Rücken dessen,
der Ich ist – vom Gehirn,
das nicht redet
und jeder Wissenschaft spottet,
zu schweigen.

Die Spuren dieser Art hinweis-satter (Wer A sagt, muss auch B sagen; verweile doch; sterbliche Hülle), vor allem dialektischer Betrachtung von Ich, Mensch und menschlicher Sprache sind im aktuellen deutschsprachigen Gedicht Legion.

Noch einmal Ann Cotten, die Anfangsstrophe des oben zitierten Gedichts, dem der sprachwissenschaftliche Begriff der *Metonymie* Anlass zum poetischen Spiel wird:

Ich sprech für dich, lass gut sein.
Lass gut sein, sag ich. Sei

> beruhigt, sage ich, formuliere,
> da können, wenn ich fertig bin, wir beide rein.
>
> [*Hervorh. U.K.*]

Das ist geistvoll, das ist reizvoll – nicht anders als das Erwähnen des menschlichen Gehirns als eines Organs, »das nicht redet«. Kurzes Stutzen, drauf bestätigendes Nicken: Dichter, du hast recht. Dichterin, was du schreibst, ich verstehe es, ich kann es verifizieren, und ich kann auflachen als Teilnehmer eines Austauschs von Geistreichem. »Ich« kann für »dich« (oder du) gesagt werden und wird auch »wir« in dieser heiteren Metonymie. Das Gedicht informiert über ein sprachliches Verfahren.

Oder Steffen Jacobs, geboren 1968, zum Ende seines Gedichts unter der in der Psychiatrie geläufigen Überschrift *Bipolar*:

> [...]
> Da reißt du dich fort, und du reißt dich entzwei,
> doch plötzlich geschieht von außen ein Du.
> Es sagt nur: Sei bei mir und stehe mir bei,
> und nun bist du eins, denn ihr beiden seid zwei.
> Es sagt nur: Komm zu mir, denn du kommst mir zu,
> es ist fast, als ob es schon immer so sei.
> Und du (also du) sagst: Was immer ich tu,
> so lange wir währen, bin *ich* nicht vorbei.

Das gleiche Thema, allerdings in ausnehmend schlicht gereimten Vierhebern, die so anheimelnd wirken, weil man sie aus Heines *Buch der Lieder* kennt: »Was schert mich, du Gräflein, dein Edelgestein? /Mir mundet weit besser dein Töchterlein.«

Aus einem weiteren Gedicht, von Odile Kennel, geboren 1967 – die »himmelwärts stürzende Tasse« darin ein Zitat ihrer Kollegin Ulrike Draesner, geboren 1962:

> … während der bittere
> und würzige Duft in deine und meine
> Existenz dringt, von der er nichts weiß
> und so entsteht ein existenzielles
> Ungleichgewicht im Nachmittagslicht
> denn wir wissen, wir wissen sehr genau
> dass alle Zeit nur *eine himmelwärts stürzende*
> *Tasse* ist oder ätherisches Öl, oder
> eine Apparatur der Einsamkeit, vermutlich

Abgesehen von der nämlichen Konstellation von Ich und Du, wie nah oder fern das seit 100 Jahren so genannte lyrische Ich und das Du hier seien, wie persönlich, wie privat, wie nahe es zugleich liegt, vom Ende her wiederum auf eine bipolare, wenn auch nicht pathologische Situation zu kommen … ein typisches Detail ist das Auffangen der psychologischen Aussage vom »existenziellen Ungleichgewicht« durch den Reim auf »Nachmittagslicht«, ein Stilmittel, das auf diesem Feld der Dichtung gern angewendet wird: Der theoretische Brocken, der gewollt und essentiell ist, wird ironisch abgefedert. Vieles davon sind Zeichen für gleich gesinnte, gleich gestimmte, gleich kluge Leser: Wir verstehen uns, wir bewegen uns auf derselben Ebene des Diskurses. Dass der immer und immer wieder einer der Uneigentlichkeit, des nicht so Gemeinten, des Augenzwinkerns, der zum Ende nicht mehr poetischen, sondern vor allem der theoretischen Reflexion von Ich und Welt wird – warum ist das so? Wie es dazu kommt, ist offensichtlich: Der Hochschulabschluss sowieso und vielfach auch die schriftstellerische Ausbildung, die es inzwischen einige Jahrzehnte in Deutschland, Österreich und bilingual in der Schweiz gibt, forciert einen poetischen Diskurs, der bereits zwei bis drei Generationen deutschsprachiger Gedichte bestimmt.

Dass es reifere Mitgestalterinnen gibt, dafür nach Hans Magnus Enzensberger noch ein Beispiel einer vollkommen anderen Schreibart: Elke Erb, geboren 1938. Ihr Werk steht solitär und freundlich sperrig in der Landschaft. Ihr Gedicht, ihr Tagebuchschreiben, ihr Übersetzen kreiert, um es mit Oswald Eggers schönem Titel zu sagen, eine *herde der rede*, deren Weide unbegrenzt zu sein scheint, ein Gedicht in tausend Splitterungen, in grünendem Holz und in funkelndem Edelstein, vom Knochen bis zur Gemme, vom Fundstück des Tags und der Nacht bis zum ausdrücklichen, hochindividuellen Theorem. Hier ein Gedicht, datiert auf den 25.3.1999:

Leibhaft lesen

Diese gefügten, gefügigen, Weicheres tragenden
Knochen: lesen.

In Zeilen zerlegter und aufgelegter
Gebinde Aufsammlung ab.

Diese in Bündel gerafften Fasern: entzifferte Deute,
eräugen zu eigen.

Diese zehn Zehen im Gehen und Stehen: lesen, laß,
daß sie nachher verwesen.

Die Ingredienzen sind nicht grundsätzlich verschieden von denen der Jüngeren, der Nachfolgerinnen und Verehrer. Im Gedicht geht es um Körper und Sprache, die Knochen werden gelesen, sind in Zeilen zerlegt, werden entziffert als Deute, heißt Finger, die weisen und zählen, heißt Bedeutung und Deutungen. Die zehn Zehen werden betrachtet und sehr ernsthaft gelesen. Nur zum Schluss dürfen sie das tun im Reim, was das biologische Ganze allemal tun wird, nämlich verwesen. Das denkende Wesen, das ein körperliches ist, ist dem Imperativ der Überschrift gefolgt, es hat (sich) leibhaft gelesen.

Dass es mit solchen Aufforderungen, Hinweisen, Deuten auch und noch mehr bei den Jüngeren immer poetologisch zugeht, jedes Mal die Technik des sprachlichen Vorgehens ausgestellt und vorgeführt, der Zusammenhang der Wortwahl vom Morphem bis zum ganzen Satz im Gedicht selbst ungeschminkt theoretisch diskutiert wird, nimmt nicht wunder.

Die Enkel des Strukturalismus, Kinder der Postmoderne, allesamt Akademiker, fast alle auch Gedichte aus Fremdsprachen übersetzend, allesamt qualifizierte Analytiker dessen, was sie und andere dichterisch tun oder lassen, und alle miteinander im Austausch über den Prozess, in dem sie sich mit ihren Gedichten befinden … – wie sollten sie nicht genau so, genau das, genau darüber schreiben? Dass es übrigens kaum nennenswerte Kritik der Diskursteilnehmer untereinander gibt, sondern überwiegend einvernehmliche Weiterentwicklung der Art zu dichten, sei angemerkt. Franz Josef Czernins Auseinandersetzung mit dem Band *Falten und Fallen* von Durs Grünbein von 1995 in der Zeitschrift *Schreibheft*, wo er gewisse Genitivkonstruktionen genüsslich historisch einordnete, fand offensichtlich in einer anderen Welt statt. Manche Gespräche werden angeboten und ausgeschlagen.

Die Redeweisen, die Formatierungen von Gedichten der digitalen Moderne transportieren jedenfalls eher selten oder klandestin, was Ernst Jandl (1925–2000) vorschlägt in seiner

beschreibung eines gedichtes

bei geschlossenen lippen
ohne bewegung in mund und kehle
jedes einatmen und ausatmen
mit dem satz begleiten
langsam und ohne stimme gedacht
ich liebe dich
so daß jedes einziehen der luft durch die nase

sich deckt mit diesem satz
jedes ausstoßen der luft durch die nase
und das ruhige sich heben
und senken der brust

Eingebettet in zehn Zeilen die elfte oder, mit der Überschrift gezählt, die zwölfte, platziert wie der Lieblingsjünger Jesu beim Abendmahl. Der zentrale Satz, die drei Worte, um die es geht, die sich nie ändern, die immer gesagt werden, so wenig sie sind, so nichts sie sind, eben nur die drei, böte mir begeisternd Grund zur Wiederholung eines Teils der Vorgeschichte der Rede. Dass Ernst Jandl diese offene Flanke eines menschlichen Ideals im Gedicht bietet! Dass er, schubladengemäß Vertreter der Konkreten Poesie, auf den Punkt bringt, wie es sich mit den drei Worten, recht gesagt, verhalten kann, eben so, wie sein Gedicht als die rechte Art, sie mit sich zu führen und zu nutzen, vorführt! Dass er den Urtext ausspricht! Dass, wenn ich die drei Worte mitdenke beim Sprechakt, ein Gedicht gesprochen werden kann, wirklich und wahrhaftig ein Gedicht! Die Faszination Ernst Jandl hat unendlich viele Facetten.

In dem Buch *Jubilieren* des französischen Philosophen Bruno Latour, im Original 2002 erschienen, tritt ein namenloses Liebespaar auf. Die Frau fordert den geliebten Mann nach langer Zeit des Zusammenseins auf, noch einmal zu sagen, dass er sie liebe. Latour lässt uns nach Wittgensteins Methode vorstellen, der Angesprochene antwortete etwa so: Das weißt du doch, ich habe es dir vor einem Jahr gesagt. Der Gedanke wird mehrfach wiederaufgenommen. Lesend weiß man selbstverständlich, dass die Sprache Liebender derartiges ausschließt, dass sie oft in ganz gleichen Worten die Liebe ganz neu sagen, heraufbeschwören, unmittelbar machen kann. Latour parallelisiert über 100 Seiten sehr eindringlich die Sprache der Liebe mit der Suche nach einer neuen Möglichkeit für die religiöse Rede und fragt gegen Ende: »Was die Liebenden so genau wissen, dass nämlich die Gegenwart ihrer Liebe von der Art und Weise abhängt, in der sie von neuem miteinander sprechen, um einander ihre Gegenwart zu bezeugen – warum sollten wir uns davon nicht eine Scheibe abschneiden?«

Selbstverständlich gibt es Stimmen in der zeitgenössischen Lyrik, die dem alten Modell und Vorbild folgen. Im nächsten Beispiel zweier Schlussstrophen geschieht das sehr weich, der Vers fließt und schwingt um die Enjambements und kennt seine Effekte:

> … wir übten uns in der alten kunst
> die dinge um uns wie neu zu benennen am steg der reiher
> hielt lang genug still der bussard war über uns unter dem
>
> himmel wir gingen zügig ohne zu halten bestimmten
> beide den zitronenfalter u. eine stunde lang war eine
> stunde da wo weder du noch ich vorher gewesen war.

Norbert Hummelt, geb. 1962. Das Gedicht von 2008 heißt mit deutlicher Reminiszenz an Bildwelten des Fin de Siècle *Pans Stunde*. Es besteht jedoch u. a. deshalb, weil es auch Zeitzeichen mitführt. Früher im Gedicht heißt es:

> wir zogen los ein stück querfeldein du mit der kamera
> über der schulter hieltest am waldrand um scharf zu
> stellen ich sah deine lichtempfindliche haut …

Die Frage an das deutschsprachige Gedicht könnte ich jedenfalls ebenso einfach stellen wie Bruno Latour sie an die religiöse Sprache stellt, auf der Suche nach ihr, nach einer neuen Möglichkeit, das wesentliche Gespräch zu führen. Wenn ich mich denn traue, das Hohnlachen der Protokollanten in Kauf nehme. Es ist mir allemal gewiss.

Warum also weigerst du dich, Gedicht des 21. Jahrhunderts, die Sprache der Liebenden zu sprechen? Die Sprache früherer Liebender, die eine neue Sprache jetzt Liebender ist. Die Sprache, die nicht die Sprache verstellt, die sagt und spricht und sich gestattet, bei sich zu sein auch jenseits der Allgegenwart der Selbstanalyse, jenseits der – sind es welche – Skrupel? Oder ist es vorsätzlich bloß ein linguistisches Turnen?

Aber wer bin ich – und dies im Ernst, schon aus Gründen des Lebens- und Schreibalters –, einem starken Strom der Poesie abzusprechen, dass er die alte Sprache noch zu nutzen verstünde? Die Brüche im 20. setzen sich anders fort im 21. Jahrhundert. Die Tradition wird gekannt, wird vorausgesetzt und diskutiert, aber so wie bei Monika Rinck: Man geht davon aus, dass es nicht schade um das Abgeschaffte sei. Man könne das übergehen oder seine Späße für Eingeweihte damit treiben. Viel wissenschaftlicher und Internetjargon, viel Linguistik und Soziologie – in gewisser Weise bestimmen Metatexte und Fußnoten das lyrische *Newspeak*. Im Rahmen welchen Gesprächs? Mit der einen Absicht zur – Zitat Bruno Latour – Doppelklick-Kommunikation? Für das intellektuelle Abnicken, ah ja, das ist Gedicht, wir wissen ja, wie das geht? Anders gefragt, zugewandt wie ich mit allen Skrupeln am Rand des Verstehens es nur sein kann: Ist das, was derzeit als Gedicht im breiten Strom auf allen Kanälen daherkommt, eine notwendige Anstrengung, ein Interim, bevor das Gedicht, das zum Beispiel auch auf außerakademische Rezeption hin sprechen kann, wieder geschrieben wird? Ein Durchringen zu neuer Klarheit? – Sie hören die Fragen eines Lesers und Zuhörers, der für diese Rede seine Zurückhaltung hintanstellt im vollen Bewusstsein, was daraus folgen kann. Die Frage nach dem Ernst des Gedichts, nach dem Anspruch des Gesprächs, nach dem ästhetischen Bestand über Information und Referenz hinaus in dem großen artistischen Aufwand des temporären Diskurses – ich gestatte mir, sie zu stellen. Wonach wird gesucht? Wohin verreist das Gedicht, und gibt es eine Wiederkehr?

Während der Recherche für die Rede, lesend, fragend, erweist sich selbstverständlich, dass auch der Strom des analytisch agitierten Gedichts Adern und Seitenadern hat. Inmitten der Versuchsaufbauten im Sprachlabor spricht manchmal auch eine Stimme vom Rand, sind Raum und Muße zum Durchbruch eines nicht nur technischen, nicht nur artistischen Ernstes, scheint etwas auf in der digitalen Anthologie. Zeilenweise, wie schon zitiert. Manchmal auch mehr.

Ulrich Koch, geboren 1966, beendet sein Gedicht *Ich wusste gar nicht dass ich manchmal bete* mit einer Verve, die an den Thomas Brasch der 1970er Jahre erinnert:

> […]
> Dem Nachrichtensprecher im Radio
> stopfe ich den Mund mit einem Lappen, getränkt mit
> Psalmen und Kerosin: Lass mich sein, wie ich bin, vorher mach,
> dass ich werde, was ich war, damit ich warten kann,
> bis ich wiederkomme mit denen, die ich verließ.

Oder Barbara Köhler (1959–2021), die ein ganz eigenes Laboratorium betreibt, dem ihr Gedicht »Elf ½« entstammt, das sie abschließt wie folgt:

> … Und vielleicht machen wir musik,
> weil wir das weite suchen; etwas, das so stark wäre wie oder
> stärker als der boden unter unsren füßen, stärker als schwer
> kraft. Etwas das uns aufwiegt. Vielleicht ist da die kunst,
> ist das glück: ein vielleichtes.

Nicht Köhlers leichtes Sprachspiel, auch nicht Versöhnung und Trost werden antworten auf die Fragen. Es geht um den

Ton, der die alte Sehnsucht und die schöne Unsicherheit, alte Aussichtspunkte und Ankerpunkte poetischer Rede mit sich führt, um den impliziten Transport des tieferen Worts zu gestatten. Willfährige Kommunikation im Prokrustesbett der Informations-Kanäle ist nicht Gedicht.

Das Gegenteil davon klingt manchmal zum Beispiel einfach so:

> … an
> der Kreide Tafel der griechischen Gaststätte
> gegen das Tor gelehnt, stand, an der Spitze
> der Speisenfolge ein Gericht wie GOTTES LAMM /
> DAS LAMM GOTTES, im Kostüm des Regens und Herolds
> : ein schwarzes Ästchen war so gebeugt und geknickt
> nämlich vom Baum gebrochen dasz es die
> Initiale des Dichters beschrieb.

Das Gedicht *die Vogel Kutsche. Für Christa Kühnhold*, dessen letzte sieben Zeilen so klingen, ist von Friederike Mayröcker (1924–2021). Wessen Initiale da von dem Herold des gebrochenen, schwarzen Ästchens beschrieben wird, weiß, der das liest, nicht, könnte etwas vermuten, muss es aber nicht. Die Anwesenheit »des Dichters« als Initiale hebt die Situation aus dem Alltäglichen und Privaten. Als vollzöge sich mit der Initiale eine Initiation.

Das schwarze Ästchen entpuppt sich da wie nebenher als Geschwistergewächs des »golden bough«, mit dem einst Aeneas die Unterwelt aufschließen konnte.

Die Recherche bringt zum Teil etwas ans Licht – Gedichte, Verse, Worte, Poesie –, was davorliegende, gelegentlich sehnsüchtige Suche des Lesers nicht gezeitigt hat. In der lyrischen Landschaft finden sich bei einiger Fokussierung des Blicks zum Beispiel unter den Auspizien von »Literatur und Religion«, von Fragen der Transzendenz immer wieder Momente, Hinweise auf Übertretungen in der großen Theoriegedichtanthologie. Es gibt Bremsen, Rückwärtsgänge, Rückblicke, unerwartete Durchblicke mitten im Diskurs.

Bert Elsmann-Papenfuß, geboren 1956, steht auch und sowieso als Solitär in der Landschaft. Neben politischer Lyrik schreibt er in seiner eigenen Sprache am Credo des gütigen Anarchisten. Zum Beispiel in dem Gedicht aus der 7. Folge seiner *RUMBALOTTE CONTINUA*:

Der gesetzlose Raum

Wenn die Oberflächenspannung der Welt
hält, was die Gitterkoordinaten versprechen;
wenn die Konvergenz-Divergenz-Düse verspricht,
was das Rollmomentenderivativ auch hergibt;
dann ist die hochtrabende Vakuumfluktuation
nur eine Untertreibung des Raumzeitschaums.
    Letztlich sind wir zu endlich,
    um das Endliche auszuloten.
Nur im gesetzlosen Raum kommt es zu Kontakten,
wenn das Gierverhalten der Kapseln übereinstimmt.

Ein leichtes Stück unverkrampfte Anwesenheit. Nachvollziehbar, auch wenn die Begriffe und Bilder aus Science Fiction und Populärwissenschaft, die beim Zuhören aufscheinen mögen, schon etwas Patina tragen. Die Kausalität simulierende Prosa-Syntax trägt durchs Gedicht – und das Ende bietet eins der seltenen Beispiele lachender Affirmation.

Wie gesagt sind nur Stichproben möglich. Die Aufzählung von Namen, von ganz anderen, wichtigen Namen, der Vortrag von bitte vollständigen, großartigen anderen Gedichten und das, was darüber im gegebenen Zusammenhang gesagt werden könnte, muss hier entfallen. Meine Rede steht der kaum zu überschauenden Produktion auf Papier, Bühne und im digitalen Medium gegenüber, Ausdruck einer hochtourigen lyrischen und lyrikbegleitenden Produktivität. Doch wenn Sie hier keine Verse hören, ist von nichts die Rede. Mit einem Wort Hans-Georg Gadamers (1900–2002) aus dem Aufsatz zur *Aktualität des Schönen*: »Es ist die Aufgabe, das, was sprechen will, hören zu lernen, und wir werden uns eingestehen müssen, dass Hörenlernen vor allem meint, sich aus dem alles einebnenden Überhören und Übersehen zu erheben, das eine immer reizmächtigere Zivilisation zu verbreiten am Werk ist.« Ein Wort aus dem vergangenen Jahrhundert, von 1977.

Von dem in Wien lebenden Dichter Peter Waterhouse, aus dem Gedichtband *MERZ* von 1984 das folgende Gedicht ohne Kommentar:

Mit Uns

Aus allen erdenkbaren Gründen (wie bitte?)
musizieren deine Hände. Du sitzt
wo? Im Innern der Geige Jeder fragt:
Ist das sein Haus? Wo der wohl die Beine lagert? Im Hals
oder Bauch oder in einem Dritten? Dein Arm fliegt heraus
und führt den Bogen quer durch die Räume
zum Fenster, zur Tür, am Ofen vorbei, den Saiten
hinterher. Auch
über die Bäume, den Weg, das Geländer
die Türme. Was da von weitem
wohl klingt: Der Bogen oder die Ränder
der Dinge? Ein sehr besonderer Bogen:
Am Ende versehen mit Farbe
er schreibt, während er vor und zurück durch die Welt fährt
und die Landschaft berührt. Nicht jede. Welche?
Die Landschaft mit Gründen. Wie find ich die? Aus solchen
kommen die Hände geflogen. Man fragt:
Wie kann der so fliegen durch die Räume
zum Fenster, zur Tür, über Türme und Bäume?
Was da klingt: Die Dinge?
Besondere Landschaft: An den Spitzen versehen mit Farben.
Welchen? Mit Farben erdenkbarer Gründe.

Du prüfst sie. Ja: Sie eignen sich, also setzt du an deinen Bogen
und streichst.
Über uns alle.
Aus allen erdenkbaren Gründen musizieren deine Hände.
Man fragt: Mit wem? Mit uns.

Die eingangs angekündigte Nachgeschichte stellt sich im Laufe der Rede als ihr notwendiger Bestandteil dar. Bitte haben Sie Nachsicht, dass sie nur persönlich zu erzählen ist. Mein Buch mit Psalmen, 2017 im S. Fischer Verlag erschienen und vermutlich Anlass, womöglich Grund Ihrer mich ehrenden Einladung, hat meinen Stand in der literarischen Landschaft geändert. Das geschah und geschieht auf eine Weise, die ich nicht nur nicht abgesehen, sondern auch nicht erwartet habe, nicht erwarten konnte. Bis zum Erscheinen dieses schmalen Bandes war ich einer der deutschsprachigen Gedichteschreiber von früher, einer, der in den 1970er Jahren begonnen hat zu publizieren unter den damals waltenden historischen und gesellschaftlichen Umständen des geteilten Landes in Ostberlin. Zwar gab es in meinem Gedicht wiederholt die mehr oder minder schlichte, oft ironische Anrede an den geläufig »Gott« genannten Schöpfer der Welt. Nun aber, in meinen *Psalmen*, wurde und wird ohne Wenn und Aber eine Instanz bei ihrem alttestamentlichen Ersatz-Namen angesprochen, angerufen, genannt: Herr. Es geschieht dort aus tiefen Zweifeln, aus großer Begeisterung, aus Erstaunen, je nachdem, vor allem aber in Demut. Unmissverständlich. Bewusst. Implizit oder explizit. Demut. Man nehme das einmal so. Die hauptberufliche Literaturkritik spuckte das Buch mehr oder weniger aus. Nicht aus ästhetischen Gründen. Der Literaturbetrieb, und nicht nur der, kann mit derlei nichts anfangen. Es hat einen Fehler, es ist ganz und gar ein Fehler.

Heinrich Bölls (1917–1985) stets als »rheinisch« apostrophierter Katholizismus wurde seinerzeit als eine Art zu dem

Schriftsteller gehörender Folklore akzeptiert. Der Schweizer Dichter und Pfarrer Kurt Marti (1921–2017) war einfach beides, das war halt so. Der Schriftsteller Walter Jens (1923–2013) übersetzte u. a. das Neue Testament neu und schrieb Essays zu biblischen Themen. Aber er war zu seiner Zeit Mitglied der Gruppe 47, und er war *der* Professor für Rhetorik der westdeutschen Republik. Seine moralisierenden Gesellschaftskommentare waren bis weit nach dem Ende der deutschen Teilung gültige Münze, deren evangelische Grundierung ebenfalls akzeptiert.

Der Dichter und Theologe Christian Lehnert, geboren 1969, darf qua Doppelprofession evangelisch oder ökumenisch dichten, darf seinen Begriff von »dem Gott« unangefochten in Gedichten verwenden, variieren, feiern.

Einer, der bislang weder durch Gottesbezug noch durch Frömmigkeit aufgefallen war – lassen Sie es mich genauso sagen, wie es sich seither anfühlt – hat damit an ein Tabu gerührt.

Das kümmert Zuhörer und Leserinnen nicht. Meine *Psalmen* verstoßen als Nischenprodukt aber deutlich genug gegen eine Abstinenzvorschrift in der akademisch-medialen Republik, die mir vorher nie aufgefallen war, gegen die ja auch selten verstoßen wird. Der Grundkonsens eines sich nicht mehr begründenden Atheismus wird nur offenkundig und rabiat, wenn eine Rede vom Gott der Christenheit an unerwarteter Stelle auftaucht. In diese geistige Stromlinie darf ansonsten ja alles Mögliche einfließen, Glaube und Religion werden thematisiert, dargestellt, problematisiert und wertschätzend behandelt, in Sachbüchern und in der Belletristik. Der Gott der Christenheit aber möge außerhalb von Kirchen, Kirchen- und Katholikentagen, wo er Gastauftritte hat, in der Welt nicht *bekannt* werden. Ein solches Bekenntnis gilt den Meinungsführern, die früher manchmal Ministranten waren, jedenfalls oft latent gegen ihr Herkunftsmilieu argumentieren, als obsolet.

Die Selbstdemontage der Kirchen in unserer Gegend, der evangelischen durch Profanierung, der katholischen durch Unfähigkeit zur tiefen Reform schreitet sowieso voran. Die herrschenden Verwalter des Erbes der Aufklärung ertragen trotzdem das Bekenntnis zum Gott der Bibel am wenigsten. Jedenfalls in dem Land, in dem ich lebe. Sie genieren sich ja auch stets, wenn über Christenverfolgung in Teilen der Welt etwas in die Abendnachrichten vordringt. Sie würden eventuell heute Martin Mosebach den Büchnerpreis nicht mehr zuerkennen, nachdem er in dem Buch *Die 21. Eine Reise ins Land der koptischen Martyrer* den Begriff des Martyriums, der lange genug nur noch reserviert schien für den Tod von Attentätern, wieder in sein älteres Recht gesetzt hat. Bewundernswert.

Aber die Nachgeschichte ist keine Polemik, sondern eine Geschichte. Die beginnt mit einem harten Aufschlagen auf hartem Boden, das ganz private Gründe hatte. Es geschah, dass die Worte dafür nahe lagen, in dem alten Buch der Psalmen, hier in Luthers Übersetzung: »Aus der Tiefe rufe ich, Herr, zu dir. Herr, höre meine Stimme, lass deine Ohren merken auf die Stimme meines Flehens.« Da war niemand anzusprechen außer einer Instanz, die mir bis dato ferner stand. Da war niemand, niemand, niemand sonst anzusprechen. Ich weiß nicht, ob jede und jeder so eine Situation im Leben braucht. Ich war soweit. Und dann schrieb ich es unverblümt auf: »Da, dass ich es wage und nehme den Anderen, den auf der anderen Seite bei den Ohren. Kann nicht mehr anders, die Stunde ist da. … wenn Wurm ist, wo Wurm hingehört, wenn dieses Winden aber noch über Stimme verfügt, Flehen, wurmhaftes Geräusch, das Ohr zu erreichen auf der anderen Seite, in deinem, Herr!, Andern …«

so konnte ich es sagen. Jedenfalls die Lage mir deutlich machen in einer Anrufung, die in Direktheit über alles hinausging, was ich vorher gemacht hatte. Es war die Geburtsstunde des Büchleins mit Psalmen.

Aber das wäre noch nicht die ganze Geschichte. Angesprochen hatte ich im Gedicht schon früher, meist – Sie ahnen es oder wissen es, da hier ein Vertreter des lyrischen Gedichts vor Ihnen steht – *die Frau* auf der anderen Seite. Die Frau auf der anderen Seite des Gedichts, auf der anderen Seite der Welt, in ihrer Welt, die Frau als die andere Person, als die überhöhte, angerufene Instanz im Gedicht – das war mir nicht fremd. Welchem heterosexuellen Mann, der lyrische Gedichte schreibt, wäre das fremd? [Es versteht sich *bitte* von selbst, dass die weibliche Seite des Gedichts und seiner nicht minder deutlichen Formen der Ansprache parallel zu denken ist, für unseren neuhochdeutschen Horizont etwa bei Annette von Droste-Hülshoff, Else Lasker-Schüler, Christine Lavant, Sarah Kirsch, Evelyn Schlag oder Barbara-Maria Kloos.]

Jedenfalls war es Gottfried von Straßburg und Heinrich Heine nicht fremd, nicht Erich Fried und nicht Ernst Jandl. Dem Dichter Jürgen Theobaldy, geboren 1944, ist es ebenso wenig fremd. In Erinnerung an seine frühzeitig verstorbene Freundin das folgende Gedicht:

Formen

Den einen Wunsch zu formen,
der auf das Ende zielte
meines Denkens an ihr Ende,

das ist, wie auf dem Totenbett
noch einmal ihr den Mund,
die kalten Lippen schminken.

In meiner Hand der Stift,
der schreibt das hin,
der schreibt und schreibt es auf,

als wollte er nicht enden,
als könnte ich nicht enden
und muss und kann es doch.

So schmerzhaft konkret das ist, so sehr steht es in der Tradition. Das Gedicht weiß es von der Überschrift an, formuliert es und schaut sich zu. Aber auf welche Weise! Dieser Lebensernst und Ernst der Dichtung, die vom Leben und vom Schreiben spricht, ist eine Rarität in dem, was derzeit auf Deutsch gedruckt wird. Ein Beleg, wie und dass Gedichte auch heute scheinbar ohne Aufwand, in handwerklicher Meisterschaft sprechen und wirken können.

Wenn Bruno Latour feststellt, dass es in der religiösen Rede nicht um Informationen geht, weder um solche von der wundersamen Vermehrung des Brotes noch vom Grab Christi oder von Marienerscheinungen in Medjugorje in Bosnien-Herzegowina [zuerst am 24. Juni 1981], kann das für das Gedicht nur ebenso selbstverständlich sein. Die Situation ist bekannt, ist alt, das Bild ist alt, die Liebe ist alt, der Tod ist alt. Was einzig neu ist: deine Erschütterung. Referenz, Folgerichtigkeit, Historizität sind irrelevant für die religiöse Rede, lenken ab von der Begegnung in der Gegenwart. Nur diese kann religiöse Erfahrung sein. *Ich reklamiere nicht weniger für die mögliche Wirkung des Gedichts.*

»Du musst dein Leben ändern« sagt das Ende eines berühmten Sonetts, das einem antiken Torso gilt. Und was geschieht? Du änderst dein Leben. Wenn nicht, lies Rilkes Gedicht noch einmal, zum Beispiel am anderen Ende des Lebens. Oder es ist nicht für dich. Dann wartet ein anderes. – Doch diese Fußnote gehört nur zur Geschichte dazu, ist sie noch immer nicht ganz.

Die oben erwähnte private Erschütterung, auf die Antwort zu finden war in der Anrede der höchsten Instanz mit einem ihrer uralten Ersatznamen, nämlich »Herr«, führte nicht nur dazu und zu dem Buch der Psalmen. Sie führte auch zum nachträglichen Begreifen einer Lektüre. Das Buch des Schweizers Denis de Rougemont *Die Liebe und das Abendland*, das in erster Fassung 1939 erschien und nicht zum Kanon einer Wissenschaft gehört, vermittelt eine einfache These: Die Dichtung der provençalischen Troubadoure, die daran anschließende europäische Liebeslyrik sowie vor allem die von ihr ausgehende Vorstellung der unsterblichen Liebe mit alldem, was das bis heute bedeutet, hätten in der häretischen Lehre der Katharer des 11. bis 13. Jahrhunderts ihre Wurzel. Deren Dualismus lässt deutlicher als andere Lehren, die im Christentum wurzeln, das himmlische Leben als das einzig erstrebenswerte gelten, das irdische einzig als Vorbereitung darauf in Stufen der Reinigung. Auf dieses himmlische Leben orientierten sich, während die Katharer ausgelöscht wurden, die Troubadoure und viele namhafte Dichter in ihrem Gefolge im Kult der reinen, der himmlischen Liebe.

Mein Weg führte andersherum, ohne mir den Vergleich mit den großen Dichtern des Spätmittelalters und der Renaissance anzumaßen. Die Liebe als Überhöhung scheiterte, das Gedicht sprach noch eine Weile von diesem Scheitern. Während die Instanz der Anrede schon eine andere war.

In der Konkretheit der Namensnennung wird sie es nicht bleiben. Aber im Ernst der Rede, in der Verteidigung der grundsätzlichen Ernsthaftigkeit des menschlichen Gesprächs ist die Instanz für mich gesetzt. Auf keinen Fall werde ich zurückgehen dahin, wo dieser Ernst fehlt.

Ohne Fragen der Existenz im Gedicht zu stellen, ohne das Sein in dem Wort anzugehen, ohne Diesseits und Jenseits zu befragen als Bedingungen von Mensch und Natur, ohne

Transzendenz, wie sie jederzeit möglich ist, in jedem Ausdruck, der in der Rede über die Rede hinausweist, gibt es mein Gedicht, vermute ich, nicht. Ich will nicht schreiben, ohne dass die schreibenden Finger die Oberfläche des Spiegels durchdringen.

Maja Haderlap

DAS ICH IM WIR

Das Nachdenken über die Poetik des eigenen Schreibens ist eine äußerst diffizile Angelegenheit und entzieht sich der distanzierten Betrachtung. Um zu behaupten, dass man als Schriftstellerin ein erkennbares Ich, eine öffentlich wahrnehmbare Gestalt hat, braucht es etwas Wagemut, weil diese Behauptung, wenn man sie selbst trifft, einige Fallen birgt.

Wenn ich behaupte, in den vergangenen Jahren als Schriftstellerin eine Rolle ausgefüllt zu haben, die mir von einer vielgestaltigen kulturellen und politischen Öffentlichkeit zugeschrieben wurde, so hat das in mancher Hinsicht seine Berechtigung, verweist jedoch zugleich auf ein Dilemma, das kaum auflösbar ist. Je klarer sich nach außen hin die öffentliche Gestalt der Schriftstellerin abzeichnet, desto verschwommener erscheint ihr literarisches, schreibendes Ich.

In meiner heutigen Vorlesung möchte ich diesem verwischten Ich, das durch meine Texte mäandert, folgen. Ich werde sie nicht mit dem Psychogramm einer Schriftstellerin quälen. Ich werde versuchen, den offenen Fragen, Grenzen und Positionen nachzugehen, die mein Schreiben begleitet und bestimmt haben.

»Ich ohne Gewähr! Denn was ist denn das Ich, was könnte es sein«? fragt Ingeborg Bachmann in ihrer Frankfurter Vorlesung. »Ein Gestirn, dessen Standort und dessen Bahnen nie ganz ausgemacht worden sind und dessen Kern in seiner Zusammensetzung nicht erkannt worden ist. Das könnte sein: Myriaden von Partikeln, die ›Ich‹ ausmachen, und zugleich scheint es, als wäre Ich ein Nichts, die Hypostasierung einer reinen Form, irgendetwas wie eine geträumte Substanz, etwas, das eine geträumte Identität bezeichnet, eine Chiffre für etwas, das zu dechiffrieren mehr Mühe macht als die geheimste Order.«[1]

Seit Beginn meines Schreibens gibt es eine Konstante in meinen literarischen Texten und essayistischen Überlegungen, die Suche nach der Verortung, die Suche nach dem Ausgangspunkt, von dem aus ich spreche. Ich frage mich, warum es mich nach diesem Ort verlangte, warum ich das Bedürfnis hatte, mich anfangs irgendwo niederzulassen. Warum ich glaubte, der Leserin, dem Leser, der Zuhörerin, dem Zuhörer etwas erklären zu müssen.

Was bedeutet dieses Streben nach einem Von-hier-aus, nach einer räumlichen Verankerung? Hat das schreibende Ich keinen Boden unter den Füßen? Ist ihm womöglich das Fundament, auf dem seine Worte fußen sollten, abhandengekommen? Konnte es sich seiner nie gewiss sein? Bewegte es sich auf unsicherem Grund? Oder weisen diese Fragen darauf hin, dass kulturelle und sprachliche Räume viel stärker als wir glauben, vom Politischen vereinnahmt werden? Ist es möglich, für jemanden, dessen Texte von Mal zu Mal als kollektive Aussage wahrgenommen werden, weiterhin bedenkenlos Ich zu sagen?

Die Ursache für solcherart Verunsicherungen liegt, wie ich glaube, im jahrzehntelangen politischen und kulturpolitischen Konflikt, in den meine Sprachen in Kärnten hineingezogen worden sind. Dieser Konflikt berührte Fragen der kulturellen, sprachlichen Hegemonie. Die Kärntner Politik führte im zwanzigsten Jahrhundert eine nationalpolitische Auseinan-

1 Ingeborg Bachmann, *Das schreibende Ich*, in: *Frankfurter Vorlesungen. Probleme zeitgenössischer Dichtung*, München 1980, 42.

dersetzung, in der es vorrangig darum ging, die Machtposition der deutschen Sprache einzuzementieren und sich von der slowenischen Kultur des Landes abzugrenzen. Der öffentliche Gebrauch der slowenischen Sprache wurde übermäßig politisch instrumentalisiert. Insoweit erscheint der sprachliche Boden, auf dem ich mich anfänglich bewegte, umkämpft und unsicher.

Würde ich meinen Sprachenkörper als Landkarte zeichnen, könnte man aus nächster Nähe Grate, Schluchten und Kare entdecken, die zwischen meine Sprachen geschlagen worden sind. Die Wörter wirken, als hätte man sie wiederholt durchgestrichen, als hätte man sie hin und her geworfen. Das Gelände, auf dem sie sich befinden, ist mit Linien markiert. Den Wörtern wurde suggeriert, sich auf die eine oder andere Seite der Grenze zu schlagen. Als wären sie, da, wo sie sich gerade aufhalten, auf dem falschen Territorium.

Meine erste literarische Verortung fand ich in der regionalen slowenischen Literatur Kärntens, die inmitten großer nationalsprachlicher Literaturen eine Eigenständigkeit behauptete. Eine Enklave aus Beharrungsvermögen, die die Vorstellung von Zugehörigkeit aufrechthielt.

Ich komme aus einer familiären, bäuerlichen Tradition, in der Menschen, die der Schrift kaum mächtig waren, von Schreiben, Zeugenschaft und Sprachmächtigkeit träumten. Sie träumten von dem, was Literatur ausmacht, ohne zu wissen, wie man zur Literatur gelangt. Sie hatten bloß eine Ahnung, aber diese Ahnung war unterlegt mit Schwärmerei und Sentimentalität. Mehr als vom materiellen Reichtum fantasierten sie von kultureller Anerkennung.

In meinem ersten Gedichtband »Žalik pesmi« (erschienen 1983), thematisiere ich in immer wiederkehrenden Motiven des Weggehens und Zurückkommens die sozialen und kulturellen Gegensätze, in denen sich das lyrische Ich bewegt. Von

Anfang an ist die Befürchtung spürbar, dass das Weggehen aus dem heimatlichen Umfeld nicht nur eine sinnstiftende und notwendige Bewegung ist, sondern unter Umständen auch bedeuten könnte, sich von der Vorstellung einer nationalen Zugehörigkeit zu verabschieden. Die Gedichte sprechen nicht vom Aufbruch, sondern vom Zögern, von den Mühen, die Enge und ihre prägenden Traditionen hinter sich zu lassen. Diese Bemühungen werden vom sprachlichen Band, das das lyrische Ich an die Herkunftswelt bindet, in Spannung gehalten, um nicht zu sagen, fixiert.

Von Anfang an begleiteten mein Schreiben Fragen nach der Identität, die sowohl von außen an die Texte herangetragen wurden, aber auch in den Texten verhandelt werden. Zum Teil ist der Wunsch nach Verortung spürbar, zum Teil werden die Texte nach Zugehörigkeit abgefragt.

Solcherart Erkundigungen, wohin man denn gehöre, welcher Tradition man sich zugehörig fühle, waren sowohl in sozialen als auch in kulturpolitischen und staatspolitischen Zusammenhängen üblich und selbstverständlich. Die Kärntner slowenische Literatur musste sich zunächst am Rand, in einer Außenseitersituation behaupten und formieren. Stets mussten sich die Schreibenden mit komplexen Fragen nach dem kollektiven Wert ihrer Arbeit für die Volksgruppe befassen, da in der Zeit der großen politischen Auseinandersetzungen in Kärnten das Politische jede literarische Aussage angesteckt hatte.

Bevor ich mit den Überlegungen zu meinem zweiten Lyrikband fortfahre, möchte ich einen kurzen Abriss der Geschichte der Kärntner slowenischen Literatur vornehmen, um die wechselnden kulturpolitischen Inklusions- oder Exklusionsdebatten in Slowenien und in Österreich zu veranschaulichen.

Die Kärntner slowenische Literatur trat in der zweiten Hälfte des 20. Jahrhunderts als Spielart der slowenischen Literatur zutage, über die es zwei voneinander abweichende Erzählungen gibt.

Die erste Erzählung stellt die politische Funktion in den Mittelpunkt, die die slowenische Literatur bei der Ausformung der nationalen Gruppenidentität innehatte. Die Geschichte der slowenischen Literatur war seit dem 19. Jahrhundert geprägt von den Idealen der Nationwerdung der Slowenen. Mit der gemeinsamen Sprache schufen die Slowenen eine Vorstellung von sich als Gemeinschaft, wenn auch vorerst ohne territoriale Herrschaft.

Nach dem Zerfall der k. u. k. Monarchie und der Gründung der Republik Österreich verblieben die Kärntner Slowenen bei Österreich, das bedeutete, dass sie sich in einer Minderheitenposition wiederfanden, vom sprachlichen kulturellen Zentrum Ljubljana durch eine Staatsgrenze getrennt, die zudem ideologisch stark aufgeladen war. Das kulturelle und sprachliche Überleben in neuen politischen Zusammenhängen war geprägt von Vorhaltungen, da die Kärntner Politik den Slowenen gegenüber durchwegs ablehnend agierte. Auch gewannen deutschnationalistische Bestrebungen in Österreich immer mehr an Einfluss. Der Verlust der slowenischen Intelligenzia durch die Emigration nach der Volksabstimmung von 1920, und die rudimentäre schulische Infrastruktur in der Zwischenkriegszeit führten dazu, dass sich eine Kärntner slowenische Literatur nicht etablieren konnte. Erst nach den Verheerungen der Nazizeit, in der die Kärntner Slowenen in ihrer Existenz bedroht waren, entwickelte sich in den Nachkriegsjahren, in denen eine neue gebildete Generation heranwuchs, eine spezifische Kärntner slowenische Literatur, die ihre Eigenständigkeit behaupten konnte.

Die Grenzen zum kommunistischen Jugoslawien waren noch eng gezogen, und die kulturellen und politischen Entwicklungen auf beiden Seiten der Grenze strebten auseinander. Erstaunlicherweise konnten die Kärntner slowenischen Autoren und Autorinnen, die sich seit den sechziger Jahren um die Literaturzeitschrift *mladje* sammelten, (u. a. Florjan Lipuš, Gustav Januš) an die ideologiekritischen, modernistischen Strömungen in Slowenien anschließen. Sie blieben jedoch von der literarischen Öffentlichkeit in Slowenien nahezu unbemerkt. Erst in den siebziger Jahren gewannen die slowenisch schreibenden Autorinnen und Autoren Kärntens auch in Slowenien an Akzeptanz.

Bemerkenswert ist die Rolle der slowenischen Literaturwissenschaft, die von Anfang an die Position der nationalen Literaturgeschichtsschreiberin einnahm und diese Aufgabe auch erfolgreich, mit allen sprachlichen und nationalen Einschließungs- und Ausschließungskriterien ausführte.[2]

Kurz nach Ende des Zweiten Weltkrieges, im Jahre 1946, als die gerade erst ausgerufene Sozialistische Föderative Republik Jugoslawien noch Gebietsansprüche an Kärnten stellte, zog die Literaturwissenschaft nach. Ivan Grafenauer, einer der herausragendsten slowenischen Intellektuellen, dessen Familie nach der Kärntner Volksabstimmung nach Slowenien ausgewandert war, sah in den wenigen slowenischen Texten, die in der Zwischenkriegszeit in Kärnten publiziert wurden, einen lebendigen Teil der gesamtslowenischen Literatur. Bald jedoch verstummten solcherart Überlegungen wegen der angespannten politischen Situation zwischen Österreich und Jugoslawien.

Das literarische Schaffen der Kärntner Slowenen wurde erst in den siebziger Jahren des vorigen Jahrhunderts wiederent-

2 Andrej Leben, *Slovenska literatura na Koroškem. Manjšinska – regionalna*, in: *Jezik in slovstvo*, Ljubljana, 58 (2013), Nr. 4.

deckt, nachdem 1972 der erste Roman von Florjan Lipuš im Verlag Obzorja in Maribor erschien. Bezeichnenderweise wurde auch der erste Lyrikband des Dichters Gustav Januš, »Pes(m)i« 1978, in Slowenien veröffentlicht (Državna založba Slovenije).

1973 erklärte der Literaturhistoriker Boris Paternu, dass die slowenische Literatur in Kärnten ein zentraler Teil der slowenischen Literatur sei, in der man weder in ihrer ge-schichtlichen Entwicklung noch in ihren typologischen Besonderheiten einen speziellen oder getrennten Organismus erkennen könne. Zwanzig Jahre später änderte er seine Sicht dahingehend, dass er in der Kärntner Literatur vornehmlich eine regionale Spielart der gesamtslowenischen literarischen Kultur erblickte, die aller Unterschiedlichkeit zum Trotz im Kontext der gemeinsamen literarischen Kultur und ihrer historischen und geistigen Logik betrachtet werden sollte. Eine der Besonderheiten der kärntnerslowenischen Literatur sei das Sprachtrauma: »Mit Sprachtrauma ist die negative Erschütterung gemeint, welche die slowenische Sprache in Kärnten […] nach dem Zerfall von Österreich-Ungarn erlebte. Die Erschütterung erfasste alle ihre sozialen und psychologischen Bereiche. Das Slowenische wurde zur Sprache einer vorerst schrittweisen Assimilation, und später, in der Nazizeit, zur vollständigen nationalen Auslöschung verurteilten Volksgruppe. Sie war äußerst bedroht. Gleichsam eine gesellschaftlich ›geköpfte‹ Sprache.«[3]

Der Literaturhistoriker Jože Pogačnik führte 1971 für die Kärntner slowenische Literatur den Begriff *zamejska literatura*, die »Literatur hinter der Grenze« ein, der sich lange Zeit behaupten konnte. Diese Bezeichnung ist doppeldeutig, und könnte übersetzt auch »beschränkte oder hinterwäldlerische Literatur« bedeuten. Sie verdeutlicht eine recht paternalisti-

3 Boris Paternu, *Hemmung und Freiheit in der slowenischen Literatur in Kärnten*, in: *Die slowenische Literatur in Kärnten. Ein Lexikon*, Klagenfurt 1991, 160.

sche Sicht auf die Kärntner slowenische Literatur, und das gerade zu einer Zeit, als die Kärntner Autorinnen und Autoren eine exponierte Position in den Bestrebungen für die Umsetzung des Artikels 7 des Österreichischen Staatsvertrages innehatten, der der slowenischen Sprache eine sichtbare und gleichberechtigte Position im zweisprachigen Gebiet garantieren sollte. Die slowenische Literatur Kärntens schien damals das gemeinsame politische Handeln der Kärntner Slowenen zu konstituieren.

Erlauben Sie mir ein kurzes Verweilen in der Mitte der achtziger Jahre des 20. Jahrhunderts, die von politischen Umbrüchen gezeichnet waren. In Jugoslawien wurden die ersten Sezessionsbestrebungen deutlich, während man in innerslowenischen Zusammenhängen überraschenderweise von einem gemeinsamen Kulturraum sprach. Die Kärntner Literatur erlebte einen Aufschwung. Florjan Lipuš trat mit neuen Texten an die Öffentlichkeit. Gleichzeitig etablierte sich eine junge Generation von Autorinnen und Autoren (Jani Oswald, Cvetka Lipuš, Fabjan Hafner). Die literarischen Bücher erschienen diesmal in Kärnten und nicht wie in den siebziger Jahren in Slowenien. Die Kärntner slowenischen Verlage hatten wegen der hinderlichen Einfuhrgenehmigungen und Zollbestimmungen Jugoslawiens zwar immer noch Schwierigkeiten, ihre Bücher in Slowenien zu vertreiben, aber in der literarischen und kulturellen Öffentlichkeit Sloweniens war die Arbeit der Kärntner Verlage präsent.

Ungefähr zur gleichen Zeit wurde auch die österreichische literarische Öffentlichkeit auf die Literatur der Kärntner Slowenen aufmerksam. Dazu trug maßgeblich die Übersetzung des Romans ›Zmote dijaka Tjaža‹ von Florjan Lipuš durch Peter Handke und Helga Mračnikar bei. Lipušs Roman ›Der Zögling Tjaž‹ erschien 1981 unter großer medialer Beachtung im Salzburger Residenz Verlag. Mit einem Mal gewahrte man in Österreich, dass es neben der deutschsprachigen Literatur auch eine slowenische gab. Die österreichische Literaturwissenschaft näherte sich diesem Phänomen vorsichtig an:

»Ohne gleich mit der ganzen Maschinerie an Wappen, Fahnen, Feiertagen und Grenzschranken auffahren zu wollen – ich würde die Literatur der Kärntner Slowenen gerne als integralen Bestandteil einer ›österreichischen‹ Literatur begreifen«, formulierte der Germanist Klaus Amann. »Es geht nämlich keineswegs darum, dem slowenischen Bruder ein Gastrecht am Kärntner Tisch einzuräumen und analog dazu, den slowenischen Autoren ein Kapitel für ›Exotisches‹ in der österreichischen Literaturgeschichte zu gewähren. Es kann nur darum gehen, die Stimme der slowenischen Autoren als unverzichtbaren Bestandteil der Kärntner Polyphonie zu begreifen.«[4]

Das Ich im Gedicht, mit dem ich den zweiten Lyrikband »bajalice«, erschienen im Jahr 1987, eröffnete, hat die Identifikation mit dem Ort, an dem es aufgewachsen war, nahezu zur Gänze verloren. Es spricht kaum, nur Nebensächliches:

> času primerno postavim stol pred vrata / in v zraku štejem komarje. zgodaj dopoldne / razdražim purane in naletim na modrega ptiča / v cestni kotanji. a tudi orle preganjam / s svojim kričanjem. komaj se bliža setptember, / se z meglo spopadem, nikakor ne s soncem. / človeku, ki pride, razkažem poti, / nato spet zasedem prostor v kraju.

> wenn es zeit ist, stelle ich den stuhl vor die tür / und zähle die mücken in der luft. am frühen vormittag / reize ich die truthähne und finde einen blauen vogel / in der wegmulde, auch adler vertreibe ich / mit meinem geschrei. kaum naht der september, / kämpfe ich mit dem nebel, nie mit der sonne. / einem, der kommt, erkläre ich die wege, / dann nehme ich wieder meinen platz ein im ort.

4 Klaus Amann, *Vorwort*, in: *Die slowenische Literatur* (s. Anm. 3), 9.

Der Abschied aus der regionalen Enklave scheint vollzogen zu sein. Die Gedichte nehmen den Dialog mit der zeitgenössischen Lyrik in Slowenien auf. Sie sprechen aus einer Art Sprachexil. Das Slowenische war in Wien, wo ich lebte, eine Sprache ohne Alltag, die in mir als Nachhall und als Wunschtraum existierte. Es war eine Sprache der Erinnerung, eine Sprache, die sich den Luftgrund, auf dem sie fußte, selbst errichten musste.

> tihota v sobi ponazarja kraj, kjer iz dneva v dan nosljajo / zvajeni podložniki, kjer jate golobov plešejo po trebušastih / dečkih, kakor da bi ubežale kletkam preteklih desetletij. / moj jezik se z ohlapnim jekom vrača vanje in prikliče iz spomina / bes potomcev, ki jim daljna, stara govorica razmehčava glas, da komaj / kaj prepojejo ob zvokih klarineta. a grenkoba v ulicah odmeva / običajno in strupena misel tarna iz navade. je kakor blodno seme / sanj ta jezik, ki krepostno vztraja in šušmari. je jedek fosil.

> die stille im zimmer bezeichnet den ort, wo tagein, tagaus eifrige/ untertanen näseln, wo schwärme von tauben auf dickbäuchigen / knaben tanzen, wie um den käfigen vergangener jahrzehnte zu entkommen. / meine sprache kehrt mit mattem hall in sie zurück und ruft aus der erinnerung / die wut der nachkommen wach, denen die ferne, alte rede die stimme dämpft, dass sie/ kaum die klarinettentöne übersingen. die bitterkeit hallt in den engen gassen wie üblich / und der giftige gedanke klagt aus gewohnheit. wirrem traumsamen gleicht diese sprache, / in so tugendhaftem beharren und spielen im ungefähren. ist ein herbes fossil.

Meine Versuche, mit der Literatur Sloweniens in Verbindung zu treten, waren Ausdruck der Sehnsucht nach dem Ankommen in der slowenischen Sprache. Ich kommunizierte mit der Literatur eines Landes, das mir eigentlich fremd war, das ich vornehmlich vom Hörensagen kannte. Im Wien der 1980er Jahre isolierte mich mein Schreiben auf Slowenisch. Gleichzeitig entwickelte sich in der österreichischen literarischen Öffentlichkeit ein Bewusstsein für die Literatur der Volksgruppen und diverser Minderheiten, was den slowenisch schreibenden Autorinnen und Autoren Aufmerksamkeit angedeihen ließ. Wir hatten die Möglichkeit, unsere Texte im Original und in der Übersetzung zu publizieren und uns innerhalb der österreichischen literarischen Szene zu positionieren. Das veränderte die Dynamik unseres Schreibens, denn es setzte voraus, dass wir unsere Texte selbst übersetzten oder in beiden Sprachen zu schreiben begannen. Diese Entwicklung führte zu den literarisch experimentellen, polyphonen Positionen, wie sie Jani Oswald in seinen Gedichten entwickelt, aber auch zum durchwegs zweisprachigen Schreiben von Fabjan Hafner. Nur Cvetka Lipuš entschied sich für das Schreiben auf Slowenisch. Ihre Gedichte erscheinen ab den neunziger Jahren in Verlagshäusern in Slowenien.

Meine Bestrebungen, die eigenen Texte ins Deutsche zu übertragen, konfrontierten mich mit diffizilen sprachlichen und inhaltlichen Dynamiken, die zur Folge hatten, dass neue Textversionen und Überschreibungen entstanden, die ein Eigenleben entwickelten und mich vollends verwirrten. Vieles erschien mir kompromittierend, als ob sich die Verse gegenseitig bekämpften.

Ich wusste mit dem Balancieren zwischen den Sprachen, den sprachlichen Verfremdungen und Kollisionen nicht umzugehen. Ich konnte mich zur Leichtigkeit des Wortspiels nicht durchringen, da die slowenische Sprache meine Gebundenheit an eine Geschichte bedeutete, die ich als belastend und vereinnahmend empfand.

Die literarische Zweisprachigkeit erlebte ich als Ringen zwischen meinen Sprachen. Während der Arbeit an den slowenischen Gedichten legte sich die deutsche Sprache mit wachsender Selbstverständlichkeit neben meine slowenischen Verse. Sie beobachtete mich beim Schreiben, schaute mir über die Schulter, widersprach. Zuweilen drängte sie sich in einen slowenischen Satz und ich hatte alle Mühe, sie wieder hinauszubugsieren.

Erst mit dem Erscheinen des dreisprachigen Lyrikbandes »Gedichte Pesmi Poems«, 1998, in dem meine slowenischen Gedichte in deutscher Übersetzung von Klaus Detlef Olof erschienen, konnte ich meine neuen, diesmal auf Deutsch verfassten Gedichte hinzufügen.

Mit diesen Gedichten beginnt mein Gang zurück zu den verlassenen Orten der Kindheit, der Gang in die Vergangenheit, zu den Wäldern und Kriegspilzen, zu den Träumen und Visionen, in denen das lyrische Ich im dunklen Wir verschwindet. Das lyrische Ich beginnt die Geschichte der Verwandtschaft zu imaginieren und sie neu zusammenzustellen, es beginnt mit der mühsamen Arbeit der Vergangenheitsbewältigung.

Der slowenische Lyrikband »bajalice« nahm nach dem Erscheinen einen eigenen Weg. Der Band erschien 1987 im Triestiner Verlag ZTT, hinter einer zweiten Grenze, sozusagen, weil sich der Klagenfurter Drava Verlag, in dem mein erster Lyrikband erschienen war, gerade in großen finanziellen Schwierigkeiten befand.

Mit dem Lyrikband »bajalice« kam ich in der zentralslowenischen Literatur an und wurde tatsächlich als Lyrikerin wahrgenommen, für die die Kriterien einer minoritären Literatur nicht mehr galten.

In Kärnten jedoch wurde das Buch inhaltlich nicht wahrgenommen. Es erschien keine einzige Besprechung. Es war, als ob der Lyrikband die Staatsgrenze vom Süden aus nicht passieren könnte. Auch in meinen Selbstreflexionen legte ich lange Zeit den Band wie einen Auswanderer im Niemandsland zwischen zwei Staaten ab.

Der Übergang in die deutsche Literatursprache war zögerlich und erfolgte nach einer längeren, arbeitsbedingten

Schreibunterbrechung. Am Beginn der Schreibarbeit standen Irritationen. Ich war mir bewusst, dass ich mich, aus slowenischer Sicht, einer dominanten Sprache bediene, dass mir die Slowenen vor dem Hintergrund des Kärntner Sprachenkonflikts Assimilation vorwerfen könnten. Das Schreiben auf Deutsch verlangte zudem, dass ich mich als Autorin neu erfinden und den Text, an dem ich arbeitete, in einen neuen literaturhistorischen Zusammenhang stellen musste. Allen Bedenken zum Trotz ermöglichte mir die deutsche Sprache, die mich beim Schreiben des Romans »Engel des Vergessens« auf Distanz zum Geschehen hielt, das erzählende Ich als Figur zu konzipieren.

Doch wer ist dieses Ich ohne Gewähr? »Vom Ich möchte ich sprechen, von seinem Aufenthalt in der Dichtung, also von den Angelegenheiten des Menschen in der Dichtung, sofern er vorgeht mit einem Ich oder seinem Ich oder sich hinter dem Ich verbirgt«, schreibt Ingeborg Bachmann in ihrer Frankfurter Poetikvorlesung.[5]

Das erzählende Ich im Roman »Engel des Vergessens« ist ambivalent, erkennbar zuerst im Kind, das die Leserin oder den Leser in seine Welt mitnimmt. Es sollte sich an die Geschichten, die es gehört hatte, erinnern, sie aus dem Gedächtnis wiederholen.

Acht Jahre nach dem Erscheinen des Romans kann ich ja zugeben, dass ich einen Pakt mit diesem Kind geschlossen hatte, der darin bestand, das Kind aus dem Kindheitsgefängnis herauszuführen, wenn es die Aufgabe eines Mediums übernähme. Wenn es unerträglich werden sollte, würde das

5 Ingeborg Bachmann, *Das schreibende Ich* (s. Anm. 1), 41.

erwachsene Ich dem Kind zu Hilfe eilen. Aber wie diese Hilfeleistung aussehen sollte, konnte ich anfangs nicht wissen.

Am Beginn des Romans kann das Kind seinen Wahrnehmungen trauen, aber je schutzloser, gefährdeter es erscheint, desto deutlicher werden die Interventionen des schreibenden Ichs.

Im Erzählprozess überlagern sich zuweilen die beiden Ichs, als ob es keinen Unterschied zwischen ihnen gäbe. Das schreibende Ich nimmt im kindlichen Ich Platz, es spricht an seiner statt.

> Das Kind begreift, dass es die Vergangenheit ist, mit der es rechnen muss. Es kann nicht nur seine Wünsche und die Gegenwart hochhalten. Die ausladende Gegenwart, die den Erwachsenen dazu dient, von einem Zeitufer aus das Gewesene zu überblicken, das damals, als es noch Gegenwart war, die Sicht auf alles verstellte. Noch ist die Kindheit wie selbstverständlich auf das Kommende gerichtet, aber auf dem Boden des Vergangenen erweist sich die Zukunft als Leichtgewicht. Was soll sie schon bringen, wohin wird sie führen? Reicht es nicht, wenn es zum Leben reicht, denkt Vater, denkt manchmal das Kind.[6]

Nach den Erzählungen der Großmutter aus dem Konzentrationslager Ravensbrück wird es dem Kind zu viel. Es hat genug vom Sterben und all den Toten, die es in der Erinnerung hinter sich herziehen muss wie ein klappriges Holzpferd auf Rädern. Es will zurück zu den unvermittelten Dingen, wo sich kein Wort zwischen es und die Welt drängte, wo nichts, was es berührte, sich ihm entzog.

Das Kind zieht sich zurück, es kauert sich ins Gras, und steht als falsch zusammengewachsenes, ungelenkes Mädchen wieder auf, als Mädchen mit ausgerenkten Gliedern und mit hochfliegenden Gedanken.

6 Maja Haderlap, *Engel des Vergessens. Roman,* Göttingen 2011, 109f.

Mit dem Rückzug oder der Metamorphose des Kindes und dem Tod der Großmutter ändert sich auch die Erzählweise des Romans. Der Text wird gebrochener. Die Einmischung oder die Hilfestellung des erwachsenen Ichs stellt eine Zäsur dar. Dieses Ich nimmt sich der schweren Erbmasse an und macht einen neuen Versuch, mit der Geschichte zurechtzukommen. Es bringt sich autobiographisch ein, es komplettiert und erweitert die Erinnerungsarbeit mit Wiederholungen, Aufzählungen, Rekonstruktionen, Vignetten, als Abgesang auf etwas, das für immer verloren scheint.

Aber auch das erwachsene Ich kann sich schwer gegenüber dem Vorgefallen behaupten. Es fühlt sich vom Vergangenen gänzlich überrollt, es ringt mit dem Erlebtem, und nicht, wie in vereinzelten Reaktionen auf das Buch vorgebracht wurde, mit der deutschen Sprache. Das würde ja bedeuten, dass das Problem im Gebrauch der deutschen Sprache läge und nicht im Inhaltlichen, in dem, was im Text verhandelt wird.

Das schreibende Ich setzt sich mit der Frage auseinander, ob es überhaupt eine individuelle Geschichte vor dem Hintergrund der traumatischen Familiengeschichte geben kann. In diesem Abwägen verschwimmen die Grenzen zwischen den Personen.

Das Ringen um das Ich im Wir ist dem Text unterlegt. Es erzählt die Entwicklung einer Schriftstellerin, die sich in Bezug und in Differenz zur Geschichte der eigenen Familie bringt und dadurch eine Art Schuld der Weggegangenen, Sie verzeihen das etwas ramponierte Wort, abträgt.

Zum erwachsenen, erzählenden Ich gesellt sich im dritten Teil des Romans ein verborgenes Ich. Es spricht verschlüsselt und in Traumbildern. Das Traum-Ich erzählt in Einsprengseln die Geschichte der eigenen Entfremdung und vernimmt am Ende des Romans, nachdem es sich mit dem erzählenden Ich vereint, zum ersten Mal seine eigene Stimme. Nach dem

Verlassen der Gedenkstätte Ravensbrück, nachdem es das ehemalige Konzentrationslager gehend erkundet hat, nachdem es Großmutters Erzählung noch einmal durchschritten hat, um von einem scheinbar vertrauten Ort Abschied zu nehmen, vermeint das Ich auf sich zu stoßen, auf die Stimme einer Bekannten, die aus dem Wirrwarr der Sätze lange nicht aufgetaucht war.

Die Diskrepanz zwischen den Anforderungen des Erzählens wird nicht aufgelöst. Die Geschichte des schreibenden Ichs bleibt offen, und wer weiß, ob diese Öffnung, die sich am Ende des Romans dartut, nicht auch das Ich in sich aufnimmt. »Denn Schreiben ist – ähnlich einem Spiel, das seine eigenen Regeln außer Kraft setzt – eine fortlaufende Praxis, die, sozusagen, nicht so sehr damit beschäftigt ist, ein ›ich‹ selbst in die Sprache einzufügen, sondern eher eine Öffnung zu schaffen, in der das ›ich selbst‹ verschwindet. […]«.[7]

Meine Überlegungen führen mich nun zurück zum Anfang, zu den Fragen der Verortung, aber auch zu den Prozessen des Erinnerns, die in »Engel des Vergessens« geschildert werden.

»Orte sind […] dadurch bestimmt, dass an ihnen bereits gehandelt bzw. etwas erlebt und erlitten wurde«, schreibt Aleida Assmann. »Hier hat Geschichte immer schon stattgefunden und ihre Zeichen in Form von Spuren, Relikten, Resten, Kerben, Narben, Wunden zurückgelassen. Orte haben Namen und Geschichte bzw. Geschichten, sie bergen Vergangenheit;«[8]

7 Trinh T. Minh-ha, *Postkolonialität und Feminismus schreiben*, Wien – Berlin 2010, 70.

8 In: Moritz Csáky – Christoph Leitgeb (Hg.), *Kommunikation Gedächtnis Raum*, Bielefeld 2009, 16.

Meine Suche nach Verortung in etlichen slowenischen Gedichten erscheint im Roman »Engel des Vergessens« als Kontinuum. Der Roman ist in seiner Tendenz ein Text, der Gedächtnisorte und Erinnerungsprozesse anschaulich machen möchte.

»Seit der antiken Mnemotechnik, jener Lehre, die das notorisch unzuverlässige natürliche Gedächtnis mit einem zuverlässigen artifiziellen Gedächtnis implementierte, besteht eine unverbrüchliche Verbindung zwischen Gedächtnis und Raum«, schreibt Aleida Assmann in ihrem Buch ›Erinnerungsräume‹.[9]

Orte sind Schauplätze oder Tatorte. An bestimmten Orten findet Erinnerung statt, finden Raum und Gedächtnis zueinander. In bestimmten Situationen erinnern sich die Menschen, werden sie von den Erinnerungen eingeholt, nicht aus heiterem Himmel, sondern, weil ein Flecken Erde, ein Nachbar, ein Haus, ein Weg sie zu einer Geschichte, zu einem Ereignis geführt haben. Die Menschen erzählen in einem eigenen Tonfall. Ihre Stimmen spiegeln sich in der deutschen Sprache, sie sprechen aus einem anderen Raum.

Erinnerungsprozesse sind dialogische Prozesse. Erinnerung braucht ein Gegenüber, einen Zuhörer, eine Zuhörerin. Erinnerungsarbeit ist prekär, weil sie einer Gespensterbeschwörung gleicht.

Ich zitiere Ruth Klüger: »Erinnerung ist Beschwörung, und wirksame Beschwörung ist Hexerei. Ich bin ja nicht gläubig, sondern nur abergläubisch. Ich sag manchmal als Scherz, doch es stimmt, dass ich nicht an Gott glaub, aber an Gespenster schon. Um mit Gespenstern umzugehen, muss man sie ködern mit Fleisch der Gegenwart.«[10] Erinnerung

9 Aleida Assmann, *Erinnerungsräume. Formen und Wandlungen des kulturellen Gedächtnisses*, München 2010, 158.

10 Nach Aleida Assmann, *Erinnerungsräume* (s. Anm. 8), 176.

findet in der Gegenwart statt, nicht in der Vergangenheit, sie flüchtet in das Präsens und macht sich verletzlich. Die sich Erinnernden haben eine Scheu davor, die Zuhörerin oder den Zuhörer zum Zeugen zu machen, ihn oder sie in etwas zu verstricken, das nicht mehr geändert werden kann.

Erinnerung, die wahrhaftig sein soll, bleibt immer ein Fragment, verbunden mit der Hoffnung auf Verständnis, ein Restfunke, der vornehmlich die Erzähler irritiert, vor allem, wenn das Erinnerte im Widerspruch zur behaupteten Wirklichkeit steht. In »Engel des Vergessens« wollte ich zeigen, wie schwer es ist, über Ereignisse zu reden, die sich sogar dem Verständnis der Erzähler entziehen.

> Die Erinnerungen der Grabenmenschen revoltieren, begehren auf, nehmen wieder von ihnen Besitz. Nach dem Ende des Nazismus haben sie noch voneinander gewusst, haben sich ihre Erlebnisse erzählt, haben sich im Leid des anderen wiedererkannt. Dann aber kam die Angst, mit diesen Geschichten nicht mehr dazuzugehören, fremd zu sein in einem Land, das andere Geschichten hören wollte und ihre für unwichtig hielt. […] Nun jedoch kramen sie das Erinnerte hervor, ziehen es aus dem Sack, lassen es wie beiläufig fallen, in der Hoffnung, dass es von einem Zuhörer aufgelesen werde. […] Freilich, es wird nicht eindringlich nachgefragt. Die Frager sind behutsam, als ob sie nicht in alten Wunden rühren wollten, als ob sie Angst davor hätten, zu viel zu erfahren, womöglich noch über die eigene Familie. Gleich darauf überkommt die Fasterzähler wieder die alte Befürchtung, man könnte das Erzählte gegen sie oder gegen andere verwenden, man könnte alte Feindschaften wecken, Freundschaften verraten oder sich sonst wie verdächtig machen. Dann zwängen die Fasterzähler das Fallengelassene rasch wieder in die Tasche und tun, als ob ihnen jene Bemerkung nur aus Versehen herausgerutscht wäre, ein Missgeschick, man wolle gleich wieder schweigen, wenn fremde Menschen dabei sind.[11]

11 Maja Haderlap, *Engel des Vergessens* (s. Anm. 6), 236f.

Oft wurde gesagt und geschrieben, dass mein Roman von der kollektiven Geschichte der Kärntner Slowenen handelt. Ich würde das präzisieren und sagen, dass er in Wirklichkeit von der zersplitterten Geschichte Einzelner handelt, die sich bemühen, etwas zusammenzufügen, was geschichtlich auseinandergebrochen war. Als Autorin sah ich meine Aufgabe darin, das Zersplitterte, Versprengte, Anwesende und Abwesende, das Verdrängte und Liegengelassene, das Verworfene ans Licht zu bringen und nicht ein untadeliges historisches Denkmal einer Volksgruppe zu erschaffen, das die Leserinnen und Leser in der falschen Sicherheit wiegt, die Geschichte könne zu den Akten gelegt werden. Vielmehr zeugt der Text davon, dass Geschichte und Politik Versehrungen hinterlassen, und dass davon auch das schreibende Ich in Mitleidenschaft gezogen wird.

Der Schauplatz des Geschehens ist im Vergleich zu den angreifbaren Erinnerungen das einzig Gesicherte. Dementsprechend sollten im Roman die Grabenwelt, die Gedächtnisorte zunächst über Gerüche und Düfte, über die Anwesenheit von Menschen, mit denen das Kind aufwächst, evoziert und sinnlich fassbar gemacht werden.

Erinnerung und Gegenwart sind miteinander verwoben, eines bedingt das andere, der Duft nach frischem Brot ist für Großmutter vermengt mit dem Wissen um den Mangel an Brot im Lager.

Da ich die Geschichte in einer anderen Sprache aufschrieb, als sie sich ereignet hatte, und sich die Sprache dem Ort des Geschehens, gleichsam dem Tatort, erst annähern musste, kam ich nicht umhin, den Ort über das Schreiben zu bestimmen. Über das Gehen, Schreiten und Wandern im Text konstituiert sich der Raum der Erinnerung. Anfangs folgt das Kind unaufhörlich der Großmutter, sie gehen durch das Haus, und über den Hof, das Kind fährt mit ihr zum Einkaufen oder zur Wallfahrt, es unternimmt mit ihr eine Wanderung zum nachbarlichen Anwesen, das in Großmutter die Erinnerung an ihre geglückte Heimkehr aus dem Konzentrationslager weckt.

Die heimatliche Landschaft wird mit Blicken und Gesten gezeigt. Auf langen Waldgängen enthüllt sich das Verborgene, Vergangene, entsteht der Wald als geschichtlicher Raum. Das alte Haus ist mit seinen Kammern, dem Dachboden und dem Keller ein Gedächtnisort. Im Schlafzimmer der Großmutter wird das Kind mit Erinnerungen genährt. Generationenräume sind Gedächtnisorte.

> Großmutters Schlafzimmer ist ein Gedächtnisort, eine Königinzelle, in der alles in eine milchige Flüssigkeit eingetaucht scheint, eine Brutzelle, in der ich mit Großmutters Nährflüssigkeit gefüttert werde. In dieser Keimzelle werde ich, wie ich erst Jahre später begreifen werde, geformt. Großmutter richtet meinen Orientierungssinn ein. Von da an gibt es kein Vorbeikommen an ihren Markierungen. Meine Sinne werden Großmutters Vibrationen auf die Welt übertragen und die Möglichkeit der Zerstörung in allem sehen. Sie werden auf Glücksfügungen warten, auf die wenigen Momente, in denen Veränderung möglich ist, denn die Rettung muss erhofft und vorbereitet werden, aber ohne glückliche Fügung zerfällt sie zu nichts.[12]

Auch die Körper der Menschen sind Gedächtnisträger, sie verbinden das Vergangene mit der Gegenwart. Die Schwere der Geschichte wird in den Proportionen des menschlichen Körpers geerdet. In den Körpern hausen, wenn auch nicht sichtbar, die traumatischen Erfahrungen. Sie sind den Körpern eingebrannt.

Aleida Assman schreibt im Buch »Erinnerungsräume«: »An etwas, das gegenwärtig präsent ist, daran kann man sich nicht erinnern, man verkörpert es. Das Trauma kann man in

12 Ebd., 118.

diesem Sinne als eine dauerhafte Körperschrift bezeichnen, die der Erinnerung entgegengesetzt ist.«[13]

Die Reaktionen nach dem Erscheinen meines Romans waren zahlreich und heftig. Die ersten Buchbesprechungen im deutschen Feuilleton nahmen den Bachmann-Preis zum Anlass, um darüber zu befinden, ob er mir zu Recht zugesprochen wurde, oder nicht, obwohl mir der Bachmann-Preis nur für einen Auszug aus dem Roman verliehen wurde, nicht für das Buch. Im Gefolge einer Rezension in der Hamburger ZEIT entwickelte sich eine Auslegung des Textes, wonach es die tragische Geschichte der Kärntner Slowenen, also des Kollektivs sei, die zur Reputation des Buches beigetragen habe und nicht die Qualität des Textes, dessen Sprache in den Augen des Kritikers den Anforderungen an einen Roman nicht genüge.

Eine ähnliche Meinung, wenn auch aus slowenisch nationaler Sicht vertrat der Repräsentant der Kärntner slowenischen Literatur, Florjan Lipuš. Er befand, dass ich den Text in der falschen Sprache, in der Sprache der Täter geschrieben habe und damit die Opfer des Nationalsozialismus noch einmal geschlagen und geschädigt hätte. Das Buch falle seiner Meinung nach aus dem ABC der Bildung heraus und könne nicht für das Kollektiv sprechen, da die Autorin dem Kollektiv mit dem Buch in den Rücken gefallen sei.[14]

In der Infragestellung des schreibenden Ichs treffen sich beide Verfasser. Sie fällen ihre Urteile im Hinblick auf den Gebrauch einer Sprache und zweifeln an der Lizenz der Autorin zum literarischen Schreiben auf Deutsch, wenn auch aus unterschiedlichen Gründen.

13 Ebd., 247.

14 Florjan Lipuš, *Poizvedovanje za imenom*, Maribor 2013.

Davon abgesehen wurde der Roman von einer überaus breiten und ausdifferenzierten Leserschaft gelesen und diskutiert. Die intensive Rezeption des Textes hat unter anderem mitgeholfen, die jahrzehntelangen politischen und kulturellen Abgrenzungen und Verhärtungen zwischen den beiden Volksgruppen in Kärnten aufzubrechen. Sie hat zu einer diversen Erinnerungskultur im Lande beigetragen, die die Geschichte der Kärntner Slowenen miteinbezieht.

Bemerkenswert ist, dass ich bei nahezu allen Lesungen und in nahezu allen Diskussionen nach meinen Sprachen gefragt wurde, warum ich den Text nicht auf Slowenisch, sondern auf Deutsch geschrieben habe. Wenn man diese Frage zum hundertsten Mal beantwortet, beginnt man über ihren tieferen, verborgenen Sinn nachzudenken. Sollte ich sie als Zeichen werten, dass die alten territorialen, nationalpolitischen und zuschreibungsfixierten Denkweisen immer noch lebendig, dass sie auch die Richtungskriterien von heute sind?

Parallel dazu vervielfacht und vertieft sich aber auch der Diskurs über bilinguale Schreibpraktiken und über die Mehrsprachigkeit in der Literatur. Auch die slowenische Literaturwissenschaft hat mit einiger Verzögerung die Debatte aufgenommen und orientiert sich in der Betrachtung der neueren slowenischen Literatur aus Kärnten nicht mehr an den alten sprachlichen oder ethnischen Zuordnungen.

Die literarische Öffentlichkeit in Slowenien zeigte sich meinem Roman gegenüber erstaunlich offen, und ich konnte mich in vielen Interviews und Gesprächen erklären. Schließlich wurde »Engel des Vergessens« im vergangenen Schuljahr als Pflichtlektüre im Fach Slowenisch für die Zentralmatura ausgewählt. Das stellt eine erfreuliche Entwicklung dar, da das Buch auf Deutsch geschrieben wurde und als slowenischer Text in der Übersetzung vorliegt. Die Entscheidung zeugt davon, dass die ethnischen und sprachlichen Zuschreibungen von Literatur nur eine oberflächliche Markierung darstellen, dass sich beim tiefen Lesen eines Textes jene Verkettungen zeigen, die direkt mit internationalen literarischen Traditionen in Verbindung stehen. Jeder literarische Text zeigt in der Tiefe ein vielfältiges, Grenzen und Sprachen übergreifendes kulturelles Geflecht, ein Gedankenmyzel, aus dem die Literatur wächst.

Doch was sagt das über das schreibende Ich aus? Kann es sich in einer öffentlichen Rolle wiedererkennen, in der es vorgibt, eine offizielle Schriftstellerin, Intellektuelle, oder Fürsprecherin zu sein, die sich zu politischen und gesellschaftlichen Fragen äußert? Muss es, um seine Identität zu wahren, in der Öffnung verschwinden, die sich am Ende eines Textes auftut?

Ich glaube daran, dass das schreibende Ich unsichtbar werden muss, da es sonst Gefahr läuft, seine Gestalt zu verlieren. Das möchte ich besonders nach einem solchen Buch, in dem das Ich in so exponierter Weise auftritt, wie in meinem Roman, hervorheben.

In den allermeisten Kommentaren zum Buch glaubt man genau zu wissen, wer dieses Ich sei, als ob es keine Interferenzen zwischen der Autorin und dem geschriebenen Text gäbe. Das schreibende Ich aber ist kein autobiographisches Ich, auch wenn es noch so oft ein Ich behauptet. Es entzieht sich der Festlegung, weil es sich als Figur erfinden muss, denn gerade das Erfundene, Imaginierte, Ausgedachte ist das Territorium der Literatur. In der Literatur wimmelt es von Ich-Entwürfen, die mitunter miteinander konkurrieren und sich gegenseitig widersprechen, denn es soll keine Einigung geben über die Menschen, nur über neue Entwürfe, schreibt Ingeborg Bachmann.[15]

15 Ingeborg Bachmann, *Das schreibende Ich* (s. Anm. 1), 43.

Das schreibende Ich kann sich keinem Wir überlassen, auch wenn es in der Mehrzahl spricht. Es ist unbestimmt und nach jedem Text damit beschäftigt, seine Haut zu retten. Es muss, um schreiben zu können, verletzbar und staunend bleiben, wie am Beginn von allem. Es sollte nicht wissen, was einem Text folgt, weil es seine Zukunft nicht vorhersehen kann. Diesen, wie ich finde, peinigenden Fragen des Ichs gehe ich mit wachsender Ungeduld nach, denn sie berühren die Essenz meines literarischen Schreibens.

Im Lyrikband »langer transit« (erschienen 2014) sucht das lyrische Ich innere Territorien oder Orte auf, die auf den ersten Blick erkennbar zu sein scheinen und doch aus der Zeit gefallen sind. Es gleitet zwischen durchlässigen Grenzen und sucht nicht mehr nach dem einen Ort, sondern es sucht das Weite. Es spricht manchmal in Masken, oder nimmt eine Rolle ein, es blickt zurück auf viele Verwandlungen. Es bewegt sich immer noch auf historischen Schauplätzen, wenn diese auch in weite Ferne gerückt sind. Es hat eine Stimme, was ich tröstlich finde, vor allem nach den hinreichenden Auseinandersetzungen und Diskussionen der vergangenen Jahre.

Meine Sprachen wirken in der Zwischenzeit wie ein altes, konflikterprobtes Paar. Sie haben sich zusammengerauft, sind einander ins Wort gefallen und haben in der einen oder anderen Sprache füreinander gesprochen, haben ihr Wort für die andere Sprache eingelegt. Sie sind sich nahegekommen und bilden in Glücksmomenten einen gepaarten Sprachkörper, der auf mehr als nur zwei Sprachen verweist. Sie stellen sich nicht mehr in Frage, sondern stellen einander Fragen, nehmen Umwege und Perspektivenwechsel in Kauf, wenn sie nach entsprechenden Begriffen suchen. Auch wenn das Deutsche seine Alltagsdominanz behauptet und das literarische Wort führt, es darf nie vorlaut werden. Es muss vor dem Tor des Slowenischen innehalten und zuhören. In Wirklichkeit leben die Sprachen wegen ihrer Unterschiedlichkeit voneinander, sind sich Labsal und Inspiration oder führen sich gegenseitig in die Irre. Eine Sprache lässt die andere nie ganz allein, sie folgt ihr als Schatten oder läuft ihr voraus, um Platz zu machen für das, was folgt. Im Arbeitsprozess begehren Sprachen einander, sie wissen um ihre subtile Anziehungskraft, die jede Sprache durchlässig macht wie Wasser, in dem alles schwimmt und untergeht, auftaucht oder weggeschwemmt wird.

»Die Sprache des Menschen ist weit wie die See«, schreibt Georges-Arthur Goldschmidt: »Unzählbar sind ihre Gestade, ihre Inseln; über unbekannte, unsichtbare Tiefen nimmt man Kurs auf das Unendliche. Das Wasser ist stets dasselbe und ändert sich ständig, es fließt, weicht zurück, schmiegt sich an alles, was eintaucht, wechselt dauernd die Farbe. […] Dasselbe Gewässer, von anderen Ufern gesehen, erlaubt die unendliche Reise rund um die Welt, ohne das Schiff zu verlassen, die Reise von Sprache zu Sprache. […] Sprache ist, was zwischen den Sprachen auftaucht, und ist doch die See selbst, die uns trägt.«[16]

16 Georges-Arthur Goldschmidt, *Als Freud das Meer sah*, Frankfurt/M. 2010, 15.

Barbara Honigmann

KAFKA UND PROUST

Schriftsteller und Jude sein in Zeiten der Assimilation

Juden heißen wir, seit wir im Exil sind.

Das erste Mal werden Juden im biblischen »Buch Esther« Juden genannt, auch wenn sie nicht zum Stamm Jehuda gehören. »Es lebte ein jüdischer Mann mit Namen Mordechai in Schuschan, Sohn Jairs, Sohn Schimis, Sohn Kischs, aus dem Stamm Benjamin. Er war aus Jerusalem in die Gefangenschaft verschleppt worden, mit den Verschleppten, die mit dem König Jechonia verschleppt wurden, verschleppt von Nebukadnezar, dem König von Babel« (Esther 2,5). Nicht weniger als viermal wird in dem Satz das Wort »verschleppt« wiederholt, damit wir auch ja verstehen, was geschehen ist.

Mit dem Wortstamm *golah* wird das Exil auch heute noch Galut genannt. Das Buch Esther ist die erste Exilerzählung und zugleich das einzige Buch der Bibel, in dem das Wort Gott nicht vorkommt. Der Talmud, der später in genau diesem Exilland, in Babylonien, entstand, deutet jedoch diese Epoche aus dem Text des Buches Esther so, dass die Juden gerade in dieser Zeit, trotz rasender Assimilation an die babylonische Umwelt und Kultur, dann dort noch einmal bewusst die Tora akzeptiert haben, wie einst am Sinai. Die zehn Stämme des Nordreichs waren schon durch die frühere Eroberung durch die Assyrer in die Gefangenschaft geführt worden und sind seitdem nie mehr aufgetaucht; das jüdische Volk, das bis heute existiert, hat mit diesen verlorenen Stämmen sicher auch Farben und Stimmen einer größeren Vielheit verloren.

In allen anderen biblischen Büchern heißen die Juden noch Hebräer oder Kinder Jakobs oder Kinder Israels. Abraham, als er noch Abram heißt, wird, wie Raschi (1040–1105) erklärt, deshalb Hebräer genannt: »Iwri – weil er von jenseits – *ewer* – des Stromes (Euphrat) kam« (Gen 14,13). Hebräer ist also von Anfang an einer, der von anderen Ufern kommt, das Wort ist verbunden mit dem Herausreißen aus der alten Heimat: »Der Ewige sprach zu Abram, gehe aus deinem Lande und deinem Geburtsort, aus dem Hause deines Vaters in das Land, das ich dir zeigen werde. Und ich werde dich segnen und dein Name wird Segen sein« (Gen 12,1–3). Trotz dieses Versprechens ist es doch eine Reise ins Ungewisse und wird es immer bleiben – eine Passage mit Brüchen und Umbrüchen und Trennungen, ein Lossagen von alten Gewohnheiten und auch ein Ausbrechen aus etwas, das wir heute vielleicht Zeitgeist nennen würden. Etwas ganz Neues wagen, im Leben, im Denken, im Schreiben.

»Wie hätten wir existieren können und könnten wir existieren, hätten wir nicht von vorneherein von Abraham den Mut einer Minorität erhalten«, kommentiert Samson Raphael Hirsch ein paar Tausend Jahre später diese Textstelle, da die Existenz im Exil in den zahlreichen Weltgegenden, in denen Juden leben, noch anhält, von Flucht zu Flucht, von Wanderung zu Wanderung, ohne sich jedoch am Ankunftsort völlig zu verlieren, wie die zehn Stämme des Nordreichs, sondern als Minorität eben weiter zu existieren.

Israel wird Jakobs Name sein, nachdem er mit dem Engel gerungen und dessen Segen erzwungen hat, »ich entlasse dich nicht, du habest mich denn gesegnet.« Israel heißt »der mit Gott ringt«, und in diesem Ringen werden seine 12 Söhne oft unterliegen, zehn von ihnen werden für immer in den anderen Völkern aufgehen und wir kennen sie heute nicht mehr. Es scheint, dass Jude sein heißt, von weither zu kommen und sich in fremden Gefilden zurechtfinden müssen. Joseph wird von seinen Brüdern verkauft, landet im ägyptischen Gefängnis und macht schließlich an Pharaos Hof eine große Karriere. Moses, der größte Prophet Israels, wird am Hof des Pharao erzogen, wir können ihn uns in seiner Jugend gar nicht anders als »assimiliert« vorstellen, bis er nach Midian flieht, nachdem er aus einem solidarischem Gefühl heraus einen ägyptischen Aufseher erschlagen hat, der einen hebräischen Knecht getötet hatte. In Midian wird er offensichtlich nicht gleich seine jüdische Herkunft bekennen, denn sein künftiger Schwiegervater Jithro, ein midianitischer Priester, fragt seine Tochter Zippora, warum sie denn »den ägyptischen Mann«, der sie am Brunnen gegen aufdringliche Hirten verteidigte, nicht nach Hause eingeladen habe. Moses heiratet später die Midianiterin Zippora und sie bekommen zwei Söhne, den einen nennen sie Gerschom, »Gast bin ich im fremden Land«, und den zweiten Elieser, »Gott hilft, denn der Gott meines Vater ist Hilfe, er hat mich vor Pharaos Schwert gerettet« (Ex 18,4f). Und dort, in diesem fremden Land, wird sich Gott im brennenden Dornbusch unter dem Namen »Ich bin der ich sein werde« offenbaren und vor Moses die Verheißung an Abraham vom Land, in dem Milch und Honig fließt, und der Befreiung aus der ägyptischen Knechtschaft erneuern. Bevor er sich ihm offenbart, bittet Gott Moses, die Schuhe auszuziehen, und genauso sieht man es auch auf dem Bild »Die Prüfungen Moses‹« von Botticelli, auf dem Swann, die eigentliche Hauptfigur in Prousts Roman »Auf der Suche nach der verlorenen Zeit«, seine Geliebte und spätere Frau Odette, als Zippora, die Tochter Jithros, zu erkennen glaubt.

König David stammt von der Moabiterin Ruth, Moab war die Frucht des Inzests der Töchter Lots mit ihrem Vater, und nach den ausschmückenden, erklärenden rabbinischen Auslegungen der Tora (Midraschim) muss er sich diese Herkunft auch des Öfteren an den Kopf werfen lassen, Ruth hingegen, die zu Noemie sagte, »wo du hingehst, da will auch ich hingehen [...], dein Gott soll mein Gott sein«, wird diese Anhänglichkeit hoch angerechnet, so dass sie, laut den Erzählungen, so lange lebte, dass sie noch Davids Sohn Salomon auf dem Thron sehen konnte. Davids und Salomons Königtum, die Reichseinigung und der Tempel, den Salomon baute und vollendete, waren nicht von Dauer, ihre Dichtungen, Psalmen und Weisheitssprüche jedoch sind in die Weltliteratur und bis in den allgemeinen Sprachgebrauch eingegangen – »Hochmut kommt vor dem Fall« und »Alles ist eitel und ein Haschen nach Wind«.

Gibt es eine Sprache auf der Welt, in die sie nicht übersetzt sind?

Auch von Esther heißt es (Midrasch Tehillim), sie habe im Moment ihrer größten Not, bevor sich dann schließlich alles zum Guten wenden wird, einen Psalm, nämlich Psalm 22 gebetet. *Eli, Eli, lama asavtani* – »Mein Gott, mein Gott, warum hast Du mich verlassen / Ich rufe Dich tags und Du antwortest nicht./ Und nachts – beruhigst Du mich auch nicht. [...] Ich bin ein Wurm und kein Mensch, der Menschen Hohn und von den Leuten verachtet [...] Entferne Dich doch nicht von mir – wo die Not so nah und keiner zu meiner Hilfe da ist.«

Psalm 22 ist bei den Juden der Psalm Esthers, bei den Christen ist er der Psalm Jesu am Kreuz. Der Talmud liest die in der Gesangseinleitung erwähnte, immer etwas geheimnisvoll gebliebene *Ayelet haschachar*, die junge Hirschkuh, als »Stern des frühen Morgens, der erste Strahl des Morgenlichts«, und damit sei Esther gemeint. Das ist ein Hinweis auf die neue Existenz derer, die nun Juden heißen. Ein Hinweis auf das Exil, in dem Gott schweigt, keine Propheten mehr schickt und auch in nächtlichen Träumen nicht mehr erscheint und die Menschen einsam ihren Weg im grellen Licht der Geschichte suchen läßt.

Als der Erste Weltkrieg beginnt, ziehen sich zwei nicht mehr ganz junge Junggesellen, kinderlos, der eine in einer Welthauptstadt, in Paris, der andere in Prag, der Provinzhauptstadt eines Imperiums, das bald untergehen wird, also in feindlichen Lagern der Kriegsparteien, in ihre Zimmer zurück. Der eine lebt noch bei den Eltern und wird dort den größten Teil seines kurzen Lebens im Durchgangszimmer gelebt haben, in einer seiner ersten Veröffentlichungen, der »Betrachtung«, schreibt er vom »Unglück des Junggesellen«. Der andere zieht nur unfreiwillig nach dem Tod seiner Eltern aus deren Wohnung aus, mietet die Wohnung einer Tante, 102 Boulevard Haussmann, tapeziert sie mit Kork aus, schließt alle Vorhänge, um im Bett arbeiten zu können, immer nachts.

Sie sind beide hypochondrisch, kränkeln ihr Leben lang und sind tatsächlich schwerkrank, weigern sich Ärzte zu sehen oder gar auf sie zu hören, wissen selbst alles viel besser und haben genaue Vorstellungen, wie ihre Körper und seine Organe zu behandeln seien, sie beobachten sich ständig, innen und außen, sie beobachten alles um sich herum, sie sind süchtig nach und abhängig von Beobachtung, aber »alles was nicht Literatur ist, langweilt mich«, schreibt der in Prag in sein Tagebuch, und sie tyrannisieren ihre Umgebung, die trotzdem ihrem Charme erliegt. »Seit längerer Zeit klage ich schon, dass ich zwar immer krank bin, aber nie eine besondere Krankheit habe, die mich zwingen würde, mich ins Bett zu legen. Dieser Wunsch geht sicher zum größten Teil darauf zurück, dass ich weiß, wie die Mutter trösten kann, wenn sie aus dem beleuchteten Wohnzimmer in die Dämmerung des

Krankenzimmers kommt.« Nein, der Satz ist nicht von Proust, er ist aus Kafkas Tagebuch. Dann in demselben Tagebuch der Eintrag: »Gestern fiel mir ein, dass ich die Mutter nur deshalb nicht immer so geliebt habe, wie sie es verdiente und wie ich es könnte, weil mich die deutsche Sprache daran gehindert hat. Die jüdische Mutter ist keine ›Mutter‹, die Mutterbezeichnung macht sie ein wenig komisch, [...] wir geben einer jüdischen Frau den Namen deutsche Mutter, vergessen aber den Widerspruch, der desto schwerer sich ins Gefühl einsenkt. ›Mutter‹ ist für den Juden besonders deutsch, es enthält unbewusst neben dem christlichen Glanz auch christliche Kälte, die mit Mutter benannte jüdische Frau wird dadurch nicht nur komisch, sondern auch fremd.«

Ungefähr zur gleichen Zeit beschreibt Proust in seinem »Contre Sainte-Beuve«, das Fragment bleiben wird, eine Szene, in der sein Freund Reynaldo Hahn am Klavier im Wohnzimmer seine Vertonung der Racine'schen »Esther« vorspielt, und »Mama« dazu leise mitsummt: »Und die schönen Züge ihres jüdischen Gesichts, ganz geprägt von christlicher Sanftheit und jansenistischem Mut, machten aus ihr Esther selbst in dieser Familienvorstellung.« Für den einen gibt es eine ganz klare Fremdheit zwischen der jüdischen Mutter und ihrer deutschen, also christlichen Bezeichnung von außen, der andere schafft oder erträumt eine jüdisch-christliche Einheit.

Kafka und Proust – beide haben, kurz bevor der Erste Weltkrieg ausbricht, ihr erstes Buch veröffentlicht, Kafka die »Betrachtung« und Proust »In Swanns Welt«. Sie ziehen sich also zurück in ihre nächtlichen Zimmer und asketischen Leben, sie haben Freunde bei den Soldaten und schreiben Kondolenzbriefe an die Mütter derer, die in diesem Krieg fallen, dem Krieg, der zum ersten Mal ein Weltkrieg ist und in gewisser Weise die Arbeit unserer beiden Dichter an ihren Werken und deren Veröffentlichung gleichzeitig verzögert und ermöglicht, mit denen sie die Weltliteratur ein für alle Mal verändern, auch wenn sie fragmentarisch bleiben werden, denn den beiden Junggesellen ist es nicht vergönnt, ihr Werk zu vollenden, Proust stirbt 1922 mit 51 Jahren und Kafka 1924 mit 41 Jahren.

Gibt es eine Sprache in die ihre Werke nicht übersetzt sind?

Kafka und Proust sind Söhne, Söhne starker Väter, die sich, auf unterschiedlichem Niveau, zum Erfolg hochgearbeitet haben und das auch von ihren kränkelnden und unverheiratet bleibenden Söhnen erwarten. Aus diesem Schatten heraus werden sie ihr literarisches Werk entwerfen, es wird unter dieser Problematik stehen, wenn es nicht überhaupt daraus geboren wurde, wie Proust es in der »Wiedergefundenen Zeit« deutlich ausspricht: »[…] dass ein großer Schriftsteller dieses wesentliche Buch, dieses einzig wahre Buch, da es bereits in jedem von uns existiert, nicht im landläufigen Sinne erfinden, sondern übersetzen muss«. Proust tastet sich an seine »Suche nach der verlorenen Zeit« durch vielfache Skizzen heran und schreibt schon 1908 in einem Brief an Georges Lauris: »Ich habe schon zwei Artikel in meinem Kopf entworfen, der eine wäre ein klassischer Essai […], der andere begänne mit der Beschreibung eines Morgens, an dem Mama an mein Bett kommt und ich spreche mit ihr über den Text, den ich über Sainte-Beuve schreiben möchte, und ich würde ihr das dann entwickeln.« Die Grundidee des Romans, der Suche nicht etwa nach der verlorenen Zeit, sondern nach dem Werk, das geschrieben werden soll, ebenso wie die lebenswichtige Präsenz von *maman* als Zeugin der Berufung zum Schreiben ist hier schon entwickelt.

Kafkas Werk hingegen durchzieht die Sohnes-Problematik vom »Urteil« über »Die Verwandlung« bis zum »Heizer«, die er schon 1912 unter dem Titel »Die Söhne« als Trilogie veröffentlichen wollte, bis zum späten »Brief an den Vater«. Beider hochproblematische Mutter- bzw. Vaterbeziehung ist jeweils auch eng an das Judentum der Mutter bzw. des Vaters gebunden.

Wir kennen Kafkas berauschte Tagebucheintragung nach der durchwachten Nacht des »Urteils« – die nebenbei auch die Nacht nach Jom Kippur dieses Jahres 1912 war: »Nur so kann geschrieben werden, nur in einem solchen Zusammenhang, mit solcher vollständigen Öffnung des Leibes und der Seele«, Schon in dem berühmten Brief vom 27. Januar 1904 an Oskar Pollak hatte er geschrieben: »Ein Buch muss die Axt sein für das gefrorene Meer in uns.« Ungefähr zur gleichen Zeit schreibt Proust in einem frühen Essay, der dann in den »Gegen-Saint-Beuve« eingeht: »Was wir machen, das ist, zum Leben zurückzukehren, mit all unseren Kräften das Eis der Gewohnheit und der Überlegungen zu zerbrechen, das sich unverzüglich auf der Wirklichkeit bildet und zur Folge hat, dass wir sie nie sehen, das ist, das offene Meer wieder zu erreichen.«

Wir verstehen, die beiden Junggesellen haben große Ambitionen, aber sie suchen nicht Ruhm noch Geld oder sonst Zustimmung von außen, sondern Ausbruch aus dem Exil des erstarrten, entfremdeten Lebens, vielleicht eine Rückkehr zu einer Wahrheit, die so lebendig ist wie die Wasser der Meere.

»Gedanken an Freud natürlich ...«, schreibt Kafka am Ende der Tagebucheintragung nach der durchwachten Nacht des »Urteils« weiter. An anderer Stelle bezieht er sich auf die Psychoanalyse »als Raschi-Kommentar« zur Bedingung der jüdischen Existenz seiner Generation.[1] Und in einem Brief

1 Entwurf eines Briefes an Franz Werfel 1922, in: Franz KAFKA, *Nachgelassene Schriften und Fragmente II*, Frankfurt/M. 2002, 519f.

an Max Brod vom November 1921 heißt es: »Besser als die Psychoanalyse gefällt mir in diesem Fall die Erkenntnis, dass dieser Vaterkomplex, von dem sich mancher geistig nährt, nicht den unschuldigen Vater, sondern das Judentum des Vaters betrifft. Weg vom Judentum, meist mit unklarer Zustimmung der Väter (diese Unklarheit war das Empörende), wollten die meisten, die deutsch zu schreiben anfingen, sie wollten es, aber mit den Hinterbeinchen klebten sie noch am Judentum des Vaters und mit den Vorderbeinchen fanden sie keinen neuen Boden. Die Verzweiflung darüber war ihre Inspiration.«

Franz Kafka präsentiert sich: »Ich heiße hebräisch Anschel wie der Großvater meiner Mutter von der Mutterseite, der als ein sehr frommer und gelehrter Mann mit langem weißem Bart meiner Mutter erinnerlich ist.«[2]

Valentin Louis Georges Eugene Marcel Proust ist jüdisch durch seine Mutter: »Ich und mein Bruder wie mein Vater sind katholisch getauft, aber meine Mutter ist Jüdin.«[3] Die Mutter hat sich nie taufen lassen, die Ehe mit Adrien Proust, dem fünfzehn Jahre älteren Professor der Medizin, wurde nur standesamtlich geschlossen. Es ist erstaunlich, dass diese Ehe, mitten im Pariser Establishment, gesellschaftlich akzeptiert wurde, auch wenn sie dann später, während der Dreyfus-Affäre, auf eine harte Probe gestellt wurde, in der Zeit, als sich Juden in Frankreich Israeliten nannten und sich fast vollständig assimiliert haben. Darüber hinaus waren sie auch viel weniger zahlreich als in der österreichisch-ungarischen Monarchie, wo Franz Kafka lebte und wo es zwei Millionen Juden gab, während es in Frankreich weniger als hunderttausend waren, die meisten davon deutscher oder elsässischer Herkunft, die in

2 Tagebuch, 25.12.1911.
3 Brief an Montesquiou, 19.5.1896.

wenigen Generationen von Klein- und Großhändlern zu Bankiers und Intellektuellen aufgestiegen waren. So wie die Familie Proust/Weil wohnten sie in großbürgerlichen Bezirken zwischen der katholischen Kirche Madeleine und der Synagoge in der Rue de la Victoire oder in den westlichen Vororten von Paris, wie Prousts Großonkel Louis Weil in Auteuil, in dessen Haus er geboren wird und das sich ebenso in den sagenhaften Ort Combray einschreiben wird wie das Illiers aus dem Département Eure-et-Loir der kleinbürgerlichen französischen Familie, die der Vater Adrien Proust hinter sich gelassen hat.

In seinem Romanwerk der »Recherche« zeichnet Marcel Proust, unter anderem, die Verwandlung und den Aufstieg der elsässischen, deutschen oder auch polnischen Juden in die französische Bourgeoisie nach, der letztlich der seiner eigenen Familie ist.

Marcel Proust ist einer der bedeutendsten französischen Schriftsteller geworden und hat die europäische Literatur nachhaltig verändert, vielleicht haben ihn seine Randstellung als Jude und auch als Homosexueller wie seine Beobachtungsucht besonders dazu befähigt. Die Dreyfus-Affäre, auf Grund derer »das gesellschaftliche Kaleidoskop in einer Drehung begriffen [war], durch die die Juden auf den letzten Platz der sozialen Stufenleiter geschleudert wurden«[4], wird als Katalysator gewirkt haben. Proust hat sich selbst als den »ersten Dreyfus-Anhänger« bezeichnet, er nahm täglich am Prozess teil, wie er es später auch seine Romanfigur Bloch tun lässt. Die Erzählung von den Verwicklungen um die Verurteilung des jüdischen Hauptmanns Dreyfus, die erst nach der Veröffentlichung von Zolas »J'accuse« und dessen Ver-

4 Marcel Proust, *Die Welt der Guermantes*, Berlin (DDR) 1975, 226.

urteilung zur eigentlichen Dreyfus-Affäre wird, nimmt im Roman der »Recherche« und dem früheren Romanfragment »Jean Santeuil«, dem einzigen literarischen Zeugnis, das gleichzeitig geschrieben wird, einen großen Raum ein. Proust ist auch ein aktiver Unterschriftensammler für das »Manifest der Intellektuellen«, das 1898 am Tag nach Zolas »J'accuse« ebenfalls in der Zeitschrift »L'Aurore« erscheint. Er wehrt sich hingegen, diese Haltung als jüdische Solidarität anzusehen, und wird das auch den jüdischen Figuren seiner »Recherche«-Romane so in den Mund legen, dass es ihnen einzig um die Suche nach Gerechtigkeit geht. Diese Haltung teilte er übrigens mit der offiziellen Haltung der jüdischen Gemeindemitglieder, über die Leon Blum in seinen Memoiren schreibt: »Die Juden wollten nicht, dass man von ihnen glaubt, sie würden Dreyfus verteidigen, weil Dreyfus Jude war. Sie wollten nicht, dass man ihre Haltung irgendeinem Unterschied oder einer Solidarität der Rasse zuschreibt. Vor allem wollten sie keinen Vorwand liefern, um den Antisemitismus anzufachen, der sich (dennoch) in der Folge mit unvergleichlicher Intensität verbreitete.«[5]

Kafka hingegen behauptet die Geburt seiner Literatur aus der Randstellung als Jude ganz offen und formuliert seine These von der »Kleinen Literatur«[6]: »Denn die Anforderungen, die das Nationalbewusstsein innerhalb eines kleinen Volkes an den Einzelnen stellt, bringen es mit sich, dass jeder immer bereit sein muss, den auf ihn anfallenden Teil der Literatur zu kennen, zu tragen, zu verfechten und jedenfalls zu

5 Zit. Nach Michael Marrus, *Les juifs de France à l'epoche de l'affaire Dreyfus*, 254.

6 Nach Gilles Deleuze – Félix Guattari, *Kafka: Für eine kleine Literatur*, Frankfurt/M. 1976.

verfechten, wenn er ihn auch nicht kennt und trägt.«[7] Kafka bekennt sich zu dieser Aufgabe, nimmt sie an, auch wenn er zehn Jahre später noch in seinem Brief an Max Brod vom November 1921 von den drei Unmöglichkeiten einer deutsch-jüdischen Literatur, so nennt er sie beim Namen, klagt: »Zunächst konnte das, worin sich ihre Verzweiflung entlud, nicht deutsche Literatur sein, die es äußerlich zu sein schien. Sie lebten zwischen drei Unmöglichkeiten, (die ich nur zufällig sprachliche Unmöglichkeiten nenne, es ist das Einfachste, sie so zu nennen, sie könnten aber auch ganz anders genannt werden): der Unmöglichkeit, nicht zu schreiben, der Unmöglichkeit, deutsch zu schreiben, der Unmöglichkeit, anders zu schreiben, fast könnte man eine vierte Unmöglichkeit hinzufügen, die Unmöglichkeit zu schreiben.«

Die Gedanken zur »Kleinen Literatur« notiert er 1911 in sein Tagebuch in der Zeit nach der Begegnung mit Jizchak Löwy und seiner jiddischen Theatertruppe aus Lemberg, deren Aufführungen in Prag er sich jeden Abend ansieht und die in ihm starke Gefühle einer Zugehörigkeit auslösen, die er wohl sonst nicht so positiv erleben kann. »Bei manchen Liedern, der Aussprache ›jüdische Kinderloch‹, manchem Anblick dieser Frau, die auf dem Podium, weil sie Jüdin ist, uns Zuhörer, weil wir Juden sind, an sich zieht, ohne Verlangen und Neugier nach Christen, ging mir ein Zittern über die Wangen.« Er liest »gierig und glücklich« Heinrich Graetz‹ »Geschichte der Juden«, er liest die verschiedenen Sammlungen der Sagen und talmudischen Erzählungen der Juden und hört sie von Jizchak Löwy, notiert sie ausführlich in sein Tagebuch, und der *amhorez*, der dort immer wieder vorkommt, wird in einem der wichtigsten Teile im späteren

7 Tagebuch 25.12.1911.

»Prozess«, in der Türhüter-Legende, als wörtlich übersetzter »Mann vom Lande« seinen großen Auftritt haben.

Auch wenn Marcel Proust in einer weiter fortgeschrittenen Phase der Assimilation, die er als gegeben annimmt, lebte, dürfen wir uns nicht vorstellen, dass er gänzlich vom jüdischen Erbe seiner mütterlichen Familienüberlieferung abgeschnitten war, ganz im Gegenteil. Sein Großonkel, Godchaux Weil, der aus einer der vielen jüdischen Familien stammte, die um 1800 aus dem Elsass nach Paris kamen, als dort weniger als dreitausend Juden lebten, hatte unter dem Pseudonym Ben Levi ein im jüdischen Milieu vielgelesenes Buch, »Les matinées du samedi. Livre d'éducation morale et religieuse à l'usage de la jeunesse israélite«, publiziert. Das war eine Sammlung jüdischer Sagen und Erzählungen, in denen er die problematische Stellung des »modernen« Juden thematisierte, um ihn an das zu erinnern, was ihm verloren gegangen war, etwa mit der Erzählung des Schicksals eines Tallits, eines Gebetschals, über drei Generationen, der vom Enkel völlig sinnentleert einer »Grisette« geschenkt wird und ihr dann zur Verkleidung beim Kostümball dient. Godchaux Weil war einer der ersten jüdischen Autoren französischer Sprache und publizierte schon in den vierziger Jahren des 19. Jahrhunderts in den verschiedenen französischen jüdischen Zeitungen Erzählungen, die ihm den Titel eines »jüdischen Victor Hugo« einbrachten. Er starb 1878, und Jeanne Weil nahm ihren Sohn Marcel nicht nur zu seinem Begräbnis mit, sondern las den Söhnen regelmäßig aus den Erzählungen ihres Großonkels vor. Diese »Samstagmorgen-Geschichten« wurden nicht nur in Frankreich, sondern von der »Alliance israélite universelle« in ihren Schulen verbreitet, in denen die Juden des Maghreb, des Balkan, im Irak und in Persien Französisch lernten, und sie mögen vielleicht ihr Echo in dem auffälligen familiären Samstags-Ritual der Familie des Erzählers der »Recherche« gefunden haben, auch wenn sie nach Marranen-Art in einen christlichen Kontext verwebt sind; jedenfalls findet aus einem ganz pragmatischen Grund, weil die Köchin zum Markt ins benachbarte Dorf geht, »samstags [...] alles eine Stunde früher statt. Die Wiederkehr dieses regelwidrigen Samstags war eines der im Innern unseres gemeinsamen Lebens auftretenden, lokalen, unserem kleinen Staatswesen eigentümlichen Ereignisse, die [...] eine Art von nationaler Einheit schaffen [...] und [...] Barbaren [...] nannten wir alle Menschen, die die Besonderheit unseres Samstags nicht kannten.«[8] Auf zwei Seiten wird nicht weniger als fünfzehnmal das Wort Samstag wiederholt, als könnte man den Namen dieses Tages, den die Barbaren nicht kennen, gar nicht genug betonen.

»Zweitausend Jahre war die Tora der Mittelpunkt und absolut existenziell für die Juden, um sich als Volk zu verstehen, sie war der Ursprung der nationalen Identität jedes Einzelnen. Heute ist das nicht mehr selbstverständlich und muss bewusst gewählt werden«, konstatiert Haym Soloveitchik, der amerikanisch-israelische Historiker.[9] Das Judentum ist eben nicht nur Konfession, also Bekenntnis, sondern Zugehörigkeit zum jüdischen Volk, in das man hineingeboren wird und das man sich nicht ausgesucht hat. Umso schwieriger und umso problematischer wird diese Existenz, wenn die Tora und die Volkszugehörigkeit nicht mehr eins sind, wie Soloveitchik zu Recht betont, wie seit den Zeiten der Aufklärung und der Emanzipation, die es nun jedem erlauben, sich seiner Bindungen, welcher Art auch immer, zu entledigen und sich als Einzelner zu behaupten, frei, aber auch ungeschützt durch den

8 *Swanns Welt*, Berlin (DDR) 1974, 186ff.

9 In: Les nouveaux cahiers, Paris 1996/97.

Stand, die Gruppe, die Gemeinschaft, ja, das Ghetto. Die neue Freiheit der Juden ist schon in der problematischen Erklärung verfasst, die der Comte Clermont Tonnerre 1789 in der Nationalversammlung verkündete, »den Juden als Nation alles zu verweigern, den Juden als Individuen alles zu gewähren«.

Die völlige Lösung des Juden als Individuum aus seinem Volk ist nie ganz gelungen, trotz erzwungener oder gewünschter Anpassungs-, ja Auflösungsbestrebung. Die Grenzen sind von beiden Seiten nie ganz niedergerissen worden, und je mehr die Juden sich assimilieren, desto weniger werden sie akzeptiert. Proust breitet das in aller Ausführlichkeit aus, zur Zeit von »Eine Liebe von Swann«, also lange vor der Zeit des Dreyfus-Prozesses lässt er eine Marquise de Gallardon über Swann sagen: »Ich weiß natürlich, er ist getauft, sogar seine Eltern und Großeltern schon. Aber man sagt ja immer, dass getaufte Juden noch mehr mit ihrer Religion verbunden bleiben als die anderen, dass sie sich nur verstellen, ob das wohl stimmt?«[10]

Diese nie ganz niedergerissenen Grenzen werden von Seiten der christlichen oder säkularen Mehrheitsgesellschaft zu verschiedenen Zeiten unterschiedlich betont, von der christlichen Anklage des Gottesmords über mehr oder weniger dezente gesellschaftliche Vorurteile bis zur völligen Ausgrenzung und gewaltsamen »Endlösung« des nationalsozialistischen Deutschland. Ihr fielen Kafkas drei Schwestern Ottla, Elli und Valli und Prousts einzige Cousine Adèle und ihr Mann Jules-Maxime in verschiedenen Vernichtungs- und Konzentrationslagern Europas zum Opfer.

10 *Swanns Welt* (s. Anm. 8), 454.

Martin Buber zitiert Moritz Heimann: »Was ein auf die einsamste, unzugänglichste Insel verschlagener Jude noch als ›Judenfrage‹ anerkennt, das einzig ist sie. Ja, das einzig ist sie«, fügt Buber noch in der ersten seiner »Drei Reden über das Judentum«, die er zwischen 1909 und 1910 im jüdischen Studentenverband Bar Kochba in Prag hält, hinzu. Er beginnt sie mit einer »Frage, die ich Ihnen und mir heute vorlege, [...] die Frage nach dem Sinn des Judentums für die Juden. Warum nennen wir uns Juden? Weil wir es sind? Was bedeutet das, dass wir es sind?«[11] Im Auditorium sitzt der gesamte Freundeskreis um Kafka, Brod, Weltsch, Bergmann, die von Bubers Reden aufgerüttelt und zu einem jüdischen, heute würden wir sagen, Selbstfindungsprozess motiviert wurden, einer Befragung des ererbten Judentums, das sie nur noch als Westjudentum, wie Kafka betont, erleben, »ein Nichts von Judentum [...], es vertropfte zur Gänze, während du es weitergabst«, wirft er seinem Vater in dem Brief, den er nie abschicken wird, vor.

Sowohl Kafka als auch Proust lebten jedoch in einer Epoche, in der sich auch der assimilierteste Jude, vielleicht gerade, weil er sich von seiner Religion entfernt hatte, noch einer irgendwie gearteten Volkszugehörigkeit bewusst war, und zwar auf Grund einer damals modernen Rassentheorie, die im Großen und Ganzen zu dieser Zeit auch von den Juden angenommen wurde, nicht hierarchisierend was sie zunächst ja nicht war. Jedenfalls ersetzte bei den Juden die Idee der Rasse im allgemeinen Zeitgeist nur die Idee von der Volkszugehörigkeit, die teils Stolz, teils Fremdzuschreibung ausdrückt. Auch Buber in seinen »Drei Reden über das Judentum« beschwört »die Unsterblichkeit der Generationen in

11 Martin Buber, *Drei Reden über das Judentum*, Frankfurt/M. 1920.

der Gemeinschaft des Blutes«. In einem Brief aus Paris an seine Braut vom 2. Februar 1886 schreibt Sigmund Freud, wie er in eine politische Diskussion, voller antideutscher revanchistischer Ideen nach dem Krieg 1870/71 geriet und wie er sich da herauszog, »ich gab mich gleich als juif, der weder Deutscher noch Österreicher ist, zu erkennen. Solche Gespräche sind aber immer sehr peinlich, denn ich fühle was Deutsches sich in mir regen, was ich zu unterdrücken lange beschlossen habe«. Im nächsten Brief berichtet er seiner Braut übrigens von einer Abendeinladung bei Jean-Martin Charcot, bei der er vielleicht den inzwischen prominenten Adrien Proust hätte treffen können.

In seinen nicht sehr umfangreichen Aufzeichnungen seiner Reisen mit Max Brod nach Paris und in die Schweiz 1911 bemerkt Kafka anlässlich eines Konzerts in Zürich knapp: »Keine Juden«, und im Pariser Bois de Boulogne: »Hier war das Fehlen der Juden am auffallendsten«, oder aber: »Vier Juden im Zug, Ähnlichkeit mit dem Vater.« Man erkannte sich also. Und noch 1920 schreibt er an Milena: »Für die Europäer haben wir alle das gleiche Negergesicht.« Was Kafka so ungeschminkt formuliert, liest sich im »Jüdischen Lexikon« von 1927 unter dem Eintrag »Jüdische Rasse« etwas dezenter: »Ein Menschenschlag von einem gewissen Einheitstyp aus verschiedenen Einflüssen amalgamiert«.

Diesen gewissen, also auch physiognomischen »Einheitstyp« hat Proust seinen jüdischen Romanfiguren verliehen, dem späten Charles Swann und vor allem Albert Bloch, auf die er offensichtlich seine eigene äußere Erscheinung übertragen hat. In seinem Buch »Profils juifs chez Proust« hat Jean Recanati einige Bemerkungen seiner Freunde über Prousts äußere Erscheinung zusammengetragen: »Er war schön, von einer ein wenig italienischen Schönheit, er lachte im Einverständnis, als ich ihm sagte, dass er einem italienischen Prinzen ähnelte.« (Fernand Gregh); »Das reine Oval seines Gesichts, eines jungen Assyrers.« (Jean-Emile Blanche); »Dieser junge persische Prinz mit den großen Gazellen-Augen.«(P. Desjardin); »Er erinnerte mich an ich weiß nicht welche El Grecos, an welche Porträts der florentinischen und lombardischen Schule, ich weiß nicht, welchen persischen Prinzen.« (Leon-Paul Farge); »Dieses schöne, orientalische Gesicht« (Comtesse de Noailles); »diese dunkle, orientalische Haarpracht« (Lucien Daudet); »Eines Abends, nachdem er eine Weile seinen Bart hatte wachsen lassen, erschien plötzlich hinter dem charmanten Marcel, den wir alle kannten, der rabbinische Ahne.« (Ders.).[12] Genauso wird Marcel Proust später den alten, vom Tode gezeichneten Charles Swan beschreiben: »jedenfalls […] wirkte [seine Nase] eher wie die eines alten Hebräers, als die eines sonderbaren Valois. Vielleicht ließ in seinen letzten Tagen die Rasse den für sie charakteristischen Typ bei ihm rein körperlich ebenso deutlich in Erscheinung treten wie das Gefühl moralischer Solidarität mit den anderen Juden, ein Gefühl, das Swann sein ganzes Leben lang vergessen zu haben schien, und das jetzt, als eines zum anderen kam – die tödliche Krankheit, die Dreyfus-Affäre und die antisemitische Propaganda –, in ihm wach geworden war. Swann war im Alter der Propheten angelangt.[13]

Des Öfteren beschreibt, betitelt, beklagt sich Franz Kafka, ja klagt er sich an als »Westjude«, in einem Brief an Milena vom November 1920 als der »westjüdischsten von ihnen […] nichts ist mir geschenkt, alles muss erworben werden, nicht nur die Gegenwart und die Zukunft, auch noch die Vergangenheit.« Er meint damit das Abgeschnittensein von der jüdischen Überlieferung, der Tradition, dem Wissen und vielleicht sogar

12 Jean Recanati, *Profils juifs de Marcel Proust*, Paris 1979.

13 *Sodom und Gomorra*, 119.

der Religion, das er in einer Art Phantomschmerz sein ganzes Leben lang buchstäblich an Leib und Seele spürt. Proust hingen, scheint mir, konnte sich von seiner nicht ganz jüdischen und nicht ganz katholischen Existenz, zumal als Homosexueller, schreibend erlösen.

Die Problematik des »Westjuden« ist fast die älteste, die das Judentum mit sich herumträgt und aus der sich tatsächlich über die Jahrhunderte und später, nach der Emanzipation in den Zeiten Kafkas und Prousts, Juden bis zum völligen Verschwinden in die Assimilation verloren.

Dass wir Juden sind, sagte ich zu Beginn, kommt aus dem Exil, und so wie Gott mit Abraham im fremdem Land seinen Bund schloss, ihn dort die Verheißung hören ließ, entstand viel später das eigentliche rabbinische Judentum im babylonischen Exil. Dort fand der Talmud seine Gestalt in den zahllosen Kommentaren zur Tora in der Mischna und der späteren Gemara, der Grundlage aller weiteren Kommentare bis heute, die die Schrift in der Gegenwart des täglichen Lebens zu deuten suchen.

Weil dieses Herzstück des Judentums, der Talmud, im Osten, in Babylonien entstand, heißt er auch der babylonische Talmud heißt, im Gegensatz zu seiner weniger umfangreichen Version, die von den in Palästina verbliebenen Gelehrten entworfen wurde und deshalb der Jerusalemer Talmud heißt. Zur gleichen Zeit trat im Westen des Römischen Reiches das Christentum seinen Siegeszug an, das auf der griechischen Sprache und Schrift beruhte, während der Talmud sowohl in Hebräisch (Mischna) und im vernakulären Aramäisch abgefasst (Gemara) wurde, nachdem er zunächst lange nur mündlich überliefert worden war. Das Christentum bezog sich auf die griechische Übersetzung der biblischen Bücher, die Septuaginta, und auch Philon von Alexandria in seinen Schriften und Flavius Josephus in seinen »Jüdischen Altertümern« schrieben und sprachen Griechisch und bezogen sich einzig auf die Septuaginta, weit entfernt vom neuen rabbinischen Judentum, das in Babylonien dabei war, den Talmud zu redigieren.

Wahrscheinlich nicht zufällig verirrte sich Paulus auf seinen Missionen nie in den Osten, und »die einzig auf der griechischen Bibel fußende Vorstellung von Juden und Judentum wird während der ersten Jahrhunderte u. Z. in den Schriften der Kirchenväter weiter verfestigt«, schreiben Doron Mendels und Arye Edrei in ihrem Buch »Zweierlei Diaspora«.[14] »Ihre antijüdische Polemik gründet sich auf den gemeinsamen Text des Alten Testaments. In der Regel ignorierten die Kirchenväter Gesetze und Gelehrsamkeit der Rabbiner. […] Im gesamten Corpus der zunächst mündlichen Lehre, Mischna, Tosefta, beider Talmudversionen und Midrasch, gibt es praktisch keine Gesetze oder Aussprüche, die den Weisen der westlichen Diaspora zugeschrieben werden, von den hunderten Rabbinern, die an der kollektiven, mehrere Jahrhunderte umspannenden Schöpfung der mündlichen Lehre teilhatten, waren nahezu alle aus dem Osten.«

Das assimilierte Westjudentum gibt es also schon sehr lange, eben nicht nur in Gestalt jüdischer Christen, sondern von Juden, die in römischen und griechischen Provinzen und Städten sehr wohl in jüdischer Tradition und religiöser Praxis lebten, aber ohne jeden Kontakt zum neuen und sich ständig erneuernden modernen rabbinischen Judentum in Babylon. So war zu Zeiten von Kafka und Proust das Westjudentum abgeschnitten von der litauischen Gelehrsamkeit, dem rabbinischen Judentum, das einzig Zeiten, Länder, Sprachen und

14 Mendels – Edrei, *Zweierlei Diaspora*, Göttingen 2010.

Kulturen seit der Antike überlebt hatte, und von der verhältnismäßig neuen chassidischen Frömmigkeit und Lehre, auch wenn es in der Lebensrealität der Ghettos, Judengassen oder Schtetl nicht so idyllisch gewesen sein mag, wie es Kafka zunächst bei seinen Begegnungen mit der ostjüdischen Theatertruppe aus Lemberg und den Flüchtlingen nach dem Ende des Ersten Weltkriegs und deren Erzählungen idealisierte: »[…] alle diese Geschichten sind, ich verstehe es nicht, das einzige Jüdische, in welchem ich mich, unabhängig von meiner Verfassung, gleich und immer zuhause fühle, in alles andere werde ich nur hineingeweht und ein anderer Luftzug bringt mich wieder fort«, wie er im Brief an Max Brod vom 28. September 1917 schreibt.

Langsam entstand unter den modernen Westjuden ein Bewusstsein ihres leer gelaufenen Judentums, das von vielen Söhnen beklagt wurde, von denen einige, wie Buber und Rosenzweig, eine geistige Erneuerung, wenn nicht Wiedererweckung im Geistigen erstrebten. Die stärkste Strömung jedoch war die des politischen Zionismus; in Theodor Herzl, der in seinem Buch »Der Judenstaat« zur Rückkehr in das Heilige Land als letztlich einziger Lösung der ewigen Judenfrage aufrief, fand er eine charismatische Führerfigur. Auch Herzl war einer der »westjüdischsten« Juden gewesen, wohl etabliert im K.u.k. Kulturbetrieb, bis der Dreyfus-Prozess, dem er als Korrespondent beiwohnte, in ihm die schockierende Erkenntnis auslöste, es müsse eine radikale Lösung geben, den Juden einen Platz zu verschaffen, an dem sie nicht mehr als ausgegrenzte, ständig bedrohte Minderheit ihr Schicksal unter den Völkern erdulden müssten, sondern es selbst gestalten könnten. Alfred Dreyfus wurde am 5. Januar 1895 in Paris vor Tausenden von Zuschauern öffentlich degradiert und auf die Teufelsinsel verschickt, im Juni desselben Jahres stellte Herzl sein Buch »Der Judenstaat« fertig, das im Februar 1896 erschien, und schon 1897 fand der I. Zionistenkongress in Basel statt. Kafka nahm später, 1913, am XI. Zionistenkongress in Wien teil, sicher mehr aus Neugier. Er fühlte sich zeitweilig sowohl von Bubers kulturzionistischem Projekt als auch vom politischen Zionismus angezogen, der dann schnell zu einer institutionalisierten Bewegung wurde; er lernte immer wieder Hebräisch, schrieb sich in seinem letzten Berliner Jahr zu Kursen in der dortigen Hochschule für die Wissenschaft des Judentums ein und spielte immer wieder mit der Idee der Auswanderung nach Palästina. Doch er war viel zu sehr von seinem unabhängigen, immer zweifelnden Geist geprägt und zu wenig eins mit sich und der Welt, als dass er sich von ideologischen Bewegungen Erlösung hätte erhoffen können. Das Wort »Volk« gehört nicht zu seinem Wortschatz und kommt, da aber gehäuft, nur in seiner allerletzten Erzählung, »Josefine und das Volk der Mäuse« vor. Zum Auswandern war er am Ende schließlich zu krank.

Auch Proust erwähnt den Zionismus als ein gegebenes gesellschaftliches Phänomen, neben »der Verweigerung des Militärdienstes, Saint-Simonismus, dem Vegetariertum, der Anarchie« in »Sodom und Gomorra«, eher beiläufig. Der Dreyfus-Prozess in allen seinen Volten durchzieht das gesamte Werk der »Recherche«, bis sein Erzähler am Schluss, nach Verlauf sehr vieler Jahre glaubt, feststellen zu können: »Die Stimmung für Dreyfus war jetzt in den Bestand respektabler und gewohnter Dinge eingereiht worden […], shocking jedenfalls fand man sie nicht mehr.«[15] Dass die Affäre ihn bis in die letzten Lebensjahre seiner Arbeit an der »Recherche« begleitete, beweist jedoch eher die Aussage von Charles Peguy: »Plus cette affaire est finie, plus il est evident qu'elle

15 *Die wiedergefundene Zeit*, Berlin (DDR) 1976, 50.

finira jamais.«[16] Je mehr diese Affäre beendet ist, desto klarer wird es, dass sie niemals enden wird.

Was ist, was wäre eigentlich, gibt es eine jüdische Literatur?

Im engeren Sinne ist jüdische Literatur natürlich »all dasjenige Schrifttum des jüdischen Volkes, das nach der Bibel entstanden ist und die Behandlung oder Darstellung des Judentums, seiner Lehre, seiner Geschichte und seiner Quellenschriften in Prosa oder Poesie in erster Reihe für jüdische Leser zur Aufgabe hat«, definiert das Jüdische Lexikon[17] nach der Auffassung des 19. Jahrhunderts, die besonders von Leopold Zunz und Gustav Karpeles in ihren Schriften zur jüdischen Literatur geprägt wurde. Zunz, der 1838 eine erste Übersetzung der jüdischen Bibel auf Deutsch und in lateinischer Schrift unternahm, theoretisierte den Begriff der jüdischen Literatur ganz im säkularen Sinne der von ihm gegründeten Wissenschaft des Judentums. Franz Rosenzweig verspottete diese Wissenschaft viele Jahre später in einem seiner Briefe übrigens als »doppelte Buchführung«[18], er gehörte der Generation an, die das Unbehagen in der assimilierten Kultur empfand und eine Erneuerung in einer ganz anderen Richtung anstrebte.

Interessant an Zunz‹ Auffassung von jüdischer Literatur ist ihre Beschreibung als eine Literatur zwischen den Nationen, Kulturen und Sprachen, jenseits fester nationaler Identitäten. Wir erkennen Kafkas »kleine Literatur« wieder, und vielleicht war es auch Kafka, der diesen Begriff als einer der Ersten,

16 Zit. Nach Philippe Oriol, *L'histoire de l'Affire Dreyfus, de 1894 à nos jours*, Paris 2014.

17 *Jüdisches Lexikon*, Berlin 1929.

18 Brief an Margrit Rosenstock, 29.8.1918, in: *Die »Gritli«-Briefe*, Tübingen 2002, 135.

wenn auch im Zusammenhang mit den drei Unmöglichkeiten des Schreibens, mit solcher Selbstverständlichkeit in seinem Brief an Brod von 1921 benutzt: *deutsch-jüdische Literatur.*

Spricht der Offizier in Kafkas Strafkolonie nur zufällig Französisch? Auch Kafka wird von der Dreyfus-Affäre und Dreyfus‹ Deportation auf die Teufelsinsel nicht unbeeindruckt geblieben sein. Es gibt in Kafkas Werk keine jüdischen Figuren und auch keine explizit jüdische Thematik, auch wenn viele seiner Texte dazu einladen, sie als Parabeln auf die »Judenfrage« zu lesen. Der Landvermesser im »Schloss« ist ein Fremder, bleibt ein Fremder, kommt von weither, es wird aber nie gesagt, woher, vom anderen Ufer, von jenseits des Flusses, ein Fremder, »der für etwas Nahes kämpfte, für sich selbst, […] statt dessen ließen sie K. allerdings innerhalb des Dorfes überall durchgleiten, wo er wollte, verwöhnten, schwächten ihn dadurch […], schalteten hier überhaupt jeden Kampf aus und verlegten ihn dafür in das außeramtliche, völlig unübersichtliche, trübe, fremdartige Leben.«[19] Kafkas Romanfragmente und Erzählungen wirken unerhört klar, ja akribisch, und gleichzeitig märchenhaft; die Tierfabeln unter den Legenden scheinen eine jüdische Auslegung besonders nahe zu legen. So könnte die Geschichte des dressierten Affen im »Bericht für eine Akademie« als eine karikierende Beschreibung der Assimilation als misslungener oder allzugut gelungener Dressurakt gelesen werden und wird von einigen Kommentatoren auch so gelesen. Und der Käfer der »Verwandlung«, erinnert er nicht an den Wurm aus Psalm 22, dem Hilfe und Erlösung jedoch endgültig verweigert zu sein scheinen?

19 Franz Kafka, *Erzählungen. Der Prozess, Das Schloß*, Berlin (DDR) 1965, 501.

Franz Kafka beschäftigt sich, schlägt sich über seine ganze Lebenszeit mit seinem Judentum herum, davon lesen wir in seinen Briefen und Tagebüchern und im nie abgeschickten »Brief an den Vater«, einem Zwischending zwischen Brief und Essay wo er auf wenigen Seiten den ganzen Prozess der Assimilation skizziert, »aus der kleinen gettoartigen Dorfgemeinde«, aus der der Vater stammte, vom »verhältnismäßig noch frommen Lande« bis zu seiner sich in »Nichtigkeit und Gleichgültigkeit« auflösenden Form, die dann »zur Gänze vertropfte«. Kafka bedauerte diesen Zustand, er quälte ihn, wie wir aus dieser späten Bilanz herauslesen können, aber aus diesem Mangel, aus dieser Nichtigkeit kann er aus seinem Vaterhaus hinaus ein literarisches Universum schaffen, in dem er die drei Unmöglichkeiten, zu schreiben, durchbricht, jenseits der konventionellen Erzählungen der Mehrheitskultur, die sich ihres Behagens in der modernen Zeit ja auch nicht mehr so sicher ist. Kafkas Werk vermisst diese moderne Welt auf eine detailversessene, extrem reale und gleichzeitig märchenhafte Weise. Es gibt in diesem Universum eigentlich auch keine weiteren kulturellen Bezüge, es gibt keine Malerei, Musik, Bilder oder Architektur und auch keine Psychologie und keine Landschaft, wie sie bei Proust als so wichtige Bezugspunkte erscheinen. Auch die jüdische Literatur im klassischen Sinne, von der Bibel bis zum Talmud mit all seinen Kommentaren, kennt keine Landschaftsbeschreibungen, keine Psychologie oder sonstigen Bezüge außerhalb der Deutung der Schriftweisen. »Gegen zehnmal ›das ist recht, das ist gut‹ hört man kaum einmal von ihnen› ›das ist schön‹«, beklagt sich Wilhelm von Humboldt in einem seiner Brief über die jüdischen Frauen, in deren Berliner Salons er verkehrte.[20]

20 Wilhelm und Caroline v. Humboldt in ihren Briefen, Berlin 1906–1916, Bd. 1, 75.

Der christliche Volksmund nannte diese Art der Betrachtung »Haarspalterei«, die jüdische Tradition hingegen bekennt sich dazu mit dem Begriff »Pilpul«, der von dem hebräischen Wort für Pfeffer abgeleitet ist und also eine »verschärfte Diskussion« meint. Die Diskussion K.s mit dem Geistlichen um die Deutung der Türhüter-Legende erinnert genau an diese »pilpulistische« Methode, von der Kafka von seinen verschiedensten jüdischen Bekanntschaften und Lektüren ja gehört haben muss.

Proust, der sich in der Assimilation eingerichtet zu haben scheint, hat in der ersten Hälfte seines Lebens die bourgeoisen und aristokratischen Pariser Milieus durchwandert, um nicht zu sagen unterwandert, wie seinen Freunden und Bekannten später klar werden wird, und wirft in der zweiten Hälfte seines Lebens den Blick zurück in diese Welt. Er präsentiert sie zunächst noch in der Art eines Balzac, unternimmt jedoch bald darüber hinaus auch eine Psychoanalyse dieser Gesellschaft und kennt keine Chronologie mehr, denn er sucht ja in Wirklichkeit nicht die verlorene Zeit, sondern sich selbst, seinen Weg aus den Äußerlichkeiten des Geredes und Getues in die Zukunft seines Werkes, das dafür Gestalt finden soll. Unter den zahllosen Personen, die den Roman bevölkern, stechen drei Figuren hervor. Neben dem homosexuellen und höchstadligen Baron de Charlus, dem wir auch einen besonders aggressiven antisemitischen Redeschwall zu verdanken haben, sind es die beiden jüdischen Figuren des Charles Swann und Albert Bloch. Diese beiden »durchleben« die »Recherche« vom ersten bis zum letzten Band. »[…] alles in allem, wenn ich darüber nachdachte, hatte ich den Stoff meiner Erfahrung, der auch der Stoff meiner Bücher sein würde, von Swann und zwar nicht nur in Gestalt dessen, was ihn selbst […] betraf […], so dass sogar meine derzeitige Anwesenheit im Hause des Prinzen de Guermantes, in dem mich mit so jäher Plötzlichkeit die Idee meines Werkes überfiel […], ebenfalls durch Swann zustande gekommen war«, bilanziert der Ich-Erzähler in »Die wiedergefundene Zeit«. Swann – das bin ich, könnte es heißen, oder besser, Swann ist der, der ich war, der seine Zeit vertat, sein Leben an die Leidenschaften der Liebe und der Kunst verlor und in beidem ein Dilettant blieb, im Gegensatz zum Erzähler, der schließlich die Kraft zu dem Entschluss findet, sich an sein Werk zu machen. In dem breiten Fresko der Figuren nehmen also die jüdischen Figuren einen besonderen Platz ein, ja, sie scheinen Identifikationsfiguren zu sein, in einem Satz der »Wiedergefundenen Zeit« versteckt Proust diese Identifikation sogar: »Wenn man Bloch sagte, meinte man damit mich.«[21] Dazu kommt die Beschreibung von Blochs Äußerem, das den von mir zitierten Beschreibungen Prousts durch seine Freunde auffällig ähnelt, und die Bemerkung, dass er, Bloch, sich nach dem Tod seines Vaters »fast ein Jahr in einem Sanatorium aufhalten musste«, genau wie Proust nach dem Tod seiner Mutter. Dass der Autor ihn besonders überzeichnet, bestärkt diese Vermutung noch, obwohl er auch sonst niemanden schont, wenn er die Leere hinter den Kulissen der aristokratischen und bourgeoisen kultivierten Welt aufdeckt, deren Getue beschreibt, ja karikiert.

Wie schon gesagt, der Roman von der Entstehung des Romans, um nicht zu sagen, der Erlösung zur Kreativität, ist eben auch der Roman vom Aufstieg der Juden in die französische Gesellschaft und den Grenzen, die ihnen dabei gesetzt sind, wie die Dreyfus-Affäre aufdeckt.

Der Assimilationsprozess wird bei Swann und bei Bloch gegenläufig beschrieben. Swann, dessen Familie schon seit

21 *Die wiedergefundene Zeit* (s. Anm. 15), 356.

Großväterzeiten getauft ist, findet unter dem Eindruck der Dreyfus-Affäre zum Judentum seiner Väter zurück, während Albert Bloch, Kind russischer Einwanderer, die noch Jiddisch sprechen, sich am Ende zu einem Jaques du Rozier und Erfolgsschriftsteller wandelt und seinerseits ein überaus engagierter Dreyfusard ist, der, wie Marcel Proust es auch selbst getan hat, Unterschriften für eine Revision des Prozesses sammelt und dem der Erzähler gleich zu Beginn der »Recherche« seine Initiation in die Literatur und den Sex zu verdanken hat. Wir haben bei der Lektüre das Vergnügen, den gesamten Bloch-Clan kennenzulernen, den Vater, die Schwestern, den homosexuellen Onkel, dessen Vornamen Nissim Proust nie vergisst zu nennen, obwohl er das sonst so beständig bei keiner anderen Figur tut, als möchte er dessen Judentum besonders kenntlich machen. Dieser Clan um Bloch, so wird uns gezeigt, macht sich ziemlich lächerlich, weil er in den Codes der Welt, an die er sich gerade anpasst, noch nicht zu Hause ist; sie kommen eben von »jenseits«, sie sind peinlich, geschmacklos, so wie es auch in Wirklichkeit von alteingesessenen Mitbürgern in zahllosen Briefen und sonstigen Berichten bezeugt worden ist, von Theodor Fontane in der Mark Brandenburg bis zu den Badegästen in Trouville, von denen uns Prousts Biograph Jean-Yves Tadie einige Beispiele gibt: »Alle gingen ihnen aus dem Weg, weil sie grell gekleidet, Schreihälse und gewöhnlich waren.«[22] Gemeint sind hier die Finalys, eine Familie der europäischen Hochfinanz, in deren Villa in Trouville Proust öfters die Ferien mit Horace Finaly, seinem Klassenkameraden vom Lycee Condorcet, verbrachte, der später Direktor der Banque de France et des Pays Bas (Paribas) wurde; es stimmt, die Familie kam von »jenseits«, Horace wurde noch in Budapest geboren.

22 J-Y. Tadie, *Marcel Proust*, Frankfurt/M. 2008, 940.

Proust karikiert Bloch in seiner vollendeten Assimilation, ja Verwandlung: »Dank der Haartracht aber, dem Wegfall des Schnurrbarts, der Eleganz des gewählten Typs, dem Willen verschwand diese jüdische Nase […], um aber das Gesicht mit den geglätteten Haaren und Monokel in Einklang zu bringen, drückten Blochs Züge überhaupt nichts mehr aus.«[23] Den Gag, in Blochs neuem Namen du Rozier seine Herkunft aus der Pariser Judengasse Rue de Rosiers zu verstecken, lässt sich Proust nicht entgehen. Noch auf den letzten Seiten der »Recherche« aber lässt er dem jüdischen Parvenü Gerechtigkeit widerfahren, indem er ihm bei seinem letzten Auftritt charakterliche Reife bescheinigt, die »ihm mit der gesellschaftlichen Stellung und dem Alter zugekommen [war], mit einer Art gesellschaftlichem Alter, wenn man so sagen darf.«[24]

Es gab sowohl im Leben von Proust als auch von Kafka starke Momente der Versuchung, sich sozusagen in Wort und Tat zu engagieren, der sie jeweils auch für kurze Zeit nachgaben, im Engagement des Dreyfusards, im Engagement für eine jüdische Erneuerung, für den Zionismus – beide jedoch verweigerten sich einem weiter gehenden Engagement. Sie entschlossen sich für die lange, langsame Suche nach der Gestalt, die sie ihrer einmal erkannten Wahrheit der Welt geben könnten. »Zeitweilige Befriedigung kann ich in Arbeiten wie Landarzt noch haben […], Glück aber nur, falls ich die Welt ins Reine, Wahre, Unveränderliche heben kann«, schreibt Franz Kafka am 25. September 1917 in sein Tagebuch, und am 28. September, dazwischen lag Jom Kippur: »Dem Tod würde ich mich anvertrauen. Rest eines Glaubens. Rückkehr zum Vater. Großer Versöhnungstag.«

23 *Die wiedergefundene Zeit* (s. Anm. 15), 330.
24 Ebd., 350.

Beide Schriftsteller, Junggesellen, haben schließlich bis zu ihrem frühen Tod, der ihre Werke unvollendet ließ, alles an körperlicher und seelischer Kraft aufgeboten, um in ihrem Werk »die in den Wörtern gefangene Wahrheit zu befreien«, wie es Proust in »Die wiedergefundene Zeit« ausdrückt, und es ist nicht übertrieben zu sagen, dass sie darin Erlösung erhofften, ja, sich einer Verheißung auf den Aufbruch zum jenseitigen Ufer des Flusses anvertrauten, zu den Gestaden der Wahrheit, trotz aller Unmöglichkeiten des Schreibens.

»Nach tagelangen ununterbrochenen Kopfschmerzen endlich ein wenig freier und zuversichtlicher. Wäre ich ein Fremder, der mich und den Verlauf meines Lebens beobachtet, müsste ich sagen, dass alles in Nutzlosigkeit enden muss, verbraucht in unaufhörlichem Zweifel, schöpferisch nur in Selbstquälerei. Als Beteiligter aber hoffe ich«, schrieb Franz Kafka am 25. Februar 1915 in sein Tagebuch. Kafka wusste, oder wusste auch nicht, dass der Talmud in einem seiner Traktate[25] versichert, dass eine der Fragen, die dem Menschen einst von seinem obersten Richter gestellt werden wird, lautet: »Hast du gehofft?«

»In dem Augenblick aber, in dem uns alles verloren scheint, erreicht uns zuweilen die Stimme, die uns retten kann: man hat an alle Türen geklopft, die auf gar nichts führen, vor der einzigen aber, durch die man eintreten kann, und die man vergeblich hundert Jahre lang hätte suchen können, steht man, ohne es zu wissen, und sie tut sich auf«, erkennt der Erzähler in der »Wiedergefunden Zeit«.[26]

So ergeht es auch Ruth, als sie zu Boas Füßen schläft, sie weiß es nicht, er weiß es nicht, aber aus ihrer Verbindung wird schließlich David hervorgehen, der kleine Hirtenjunge,

25 Schabbat 2,4.

26 *Die wiedergefundene Zeit* (s. Anm. 15), 224.

an den überhaupt niemand denkt, bevor ihn Samuel zum König salbt. Sein Sohn und Nachfolger Salomon wird dann den Tempel erbauen; es heißt von ihm im Midrasch, er habe sich neun Jahre von seinem Thron in ein Exil zurückgezogen, um das Buch *Kohelet* zu schreiben, den »Prediger Salomon«: »Alles hat seine Zeit …«

So haben sich die beiden Dichter, ähnlich wie Salomon, ungefähr zur gleichen Zeit in Paris und in Prag, während draußen der Erste Weltkrieg tobt, zurückgezogen, um jeder auf seine Weise ein Werk jenseits aller bis dahin geltenden literarischen Konventionen zu entwerfen. »Wenn es sich ums Schreiben handelt, ist man gewissenhaft […] man verwirft, was nicht Wahrheit ist […], und dass der Leser das, was das Buch aussagt, in sich selbst erkennt, ist der Beweis der Wahrheit eben dieses Buches.«[27]

Eine der berühmtesten Parabeln in Kafkas Werk ist die Türhüter-Legende aus dem »Prozess«, in der der »Mann vom Lande«, der *amhorez*, vergeblich vor der Tür des Gesetzes wartet, bis es zu spät ist und die Tür geschlossen wird, da er nicht verstanden hat, dass dies seine Tür ist, die, die nur für ihn bestimmt war.

Man kann sich wohl denken, dass an dem jungen Franz Kafka, wenn er, sich langweilend, neben seinem Vater den langen Versöhnungstag Jom Kippur absaß, wenigstens das letzte volkstümliche Gebet nicht völlig vorüberrauschte, zu dem auch noch Juden in der Synagoge erscheinen, die man dort sonst nicht trifft, und mit dem dieser lange Tag endet, das Neila-Gebet: »Öffne uns das Tor / bevor es sich schließt / ehe die Nacht uns grüßt / denn schon neigt sich der Tag …«

27 Ebd., 278. – Der vorliegende Text erschien bereits in: Barbara Honigmann, *Unverschämt jüdisch,* © 2021 Carl Hanser Verlag, München.

Patrick Roth

DAS TAUCHEN NACH DEM BILDE

In memoriam Oskar Werner,
dessen Stimme mich – als erste,
zärtlich-gewaltigste – in die
Bilder Trakls tauchte.

Von vier Bildern möchte ich Ihnen berichten. Von der not-wendigen, das meint hier: die Not abwendenden Kraft dieser Bilder. Es sind Bilder, die wir nicht gemacht haben. Bilder des Unbewussten.

Träume sind mir *Acheiropoieta,* sie sind »nicht von Menschenhand gemacht«, also nicht von unserem bewussten Ich gefertigt. Daher kann keiner von uns sagen, was er oder sie heute Nacht träumen wird. Es sind Bilder, die, wie es richtig heißt, »uns träumen« oder »uns einkommen«, wenn unser Tagesbewusstsein abgesunken oder ausgeschaltet ist.

Von welcher Not aber ist die Rede in »not-wendig«, welche Not würde von solchen nicht von Menschenhand gemachten Bildern gewendet, abgewendet werden?

Meist ist es die Not, die uns aus einem gelebten *clash* der Gegensätze, einem Konflikt oder einer brennenden Frage entstanden ist, auf die uns Träume in Bildern antworten. Manchmal ist uns die Frage – der Konflikt, der in uns schwelt – überhaupt nicht oder nur wenig bewusst. Dann *leben* wir die Frage. Das hieße: Wir stellen sie dann nicht bewusst – nicht uns, nicht unseren Nächsten, schon gar nicht dem Traum. Und doch, das ist meine Erfahrung, kann es sein, dass das Unbewusste dann Bilder erzeugt – ob im Traum oder in unserer Alltagsrealität –, die, verstünden wir nur, sie zu deuten, die Antwort, gar die Lösung unseres Problems enthalten.

Hier also die vier Bilder, von denen gleich die Rede sein wird:

1. Lee Marvins Traum-Ernte
2. Die Überschwemmung des San Fernando Valley
3. Die Kreuzesgrube
4. Die Auffindung des Kreuzes in der »Legenda Aurea«

Bild 3 und 4 werden den größten Teil meiner Vorlesung einnehmen, entspringen aber derselben Quelle, der auch die ersten beiden zuzurechnen sind. Bei allen vieren handelt es sich um Bilder-Antworten des Unbewussten.

1. Lee Marvins Traum-Ernte

Der amerikanische Schauspieler Lee Marvin (1924–1987), der in John Fords Spätwestern »The Man Who Shot Liberty Valance« (dt.: »Der Mann, der Liberty Valance erschoss«; 1962) eben jenen Outlaw »Liberty Valance« zu spielen hatte, erzählt in der *special edition* der DVD dieses Films folgende Anekdote, die einen Aspekt meines Themas – den antwortenden Einfluss der Bilder des Unbewussten – gut trifft.

Im Interview beschreibt Marvin eine Strategie Fords, eines der – wie ihm schien – Geheimnisse des alten Regisseurs bei seiner Arbeit mit Schauspielern. Marvin habe während der Dreharbeiten zu »Valance« einige Male erlebt, dass Ford nach dem Nachmittagstee eine größere wichtige Szene einproben ließ, die dann aber nicht mehr gedreht wurde. Plötzlich hieß es: »That's a wrap for today, we'll shoot it tomorrow« (»Das war's für heute, wir drehen das morgen.«)

Dann habe, sagte Marvin, die Szene, wie sie geprobt worden war, über Nacht aber nicht standgehalten. Die Träume hätten sie aufgelöst, verändert, geradezu umgestellt. So sei über Nacht etwas hinzugekommen, das am nächsten Morgen völlig neue Kräfte wachrief. Das Entscheidende sei nicht der »fresh start in the morning« gewesen oder die Tatsache, dass die *marks* – also die kreidegezeichneten Positionsmarkierungen für die Schauspieler – inzwischen wieder verwischt oder am Boden verschwunden waren, sondern: dieses Innehalten vor dem eigentlichen Drehen, zu dem »die Nacht oder der Traum« hinzugekommen sei. »I thought that was a very interesting way of working«, meinte Lee Marvin.

Marvin vermutete also »System dahinter«, eine Methode. Fords Methode forderte das Unbewusste zur Antwort auf. Die mehr oder weniger bewusst gestellte Frage, die Marvin, den Schauspieler, am Abend beschäftigte, war ja: »Wird das so gehen, wie wir's heute Nachmittag geprobt haben? Wird das stimmig sein – oder warum brach Ford ab? War das völliger Quatsch, was ich bei der Probe geliefert habe? War der alte Mann nur zu müde, mir weitere Anweisungen zu geben?« Das waren Marvins Fragen, die ihn, wie man richtig sagt, »bis in die Träume hinein verfolgten«. Und dann kam Antwort des Traums. Wie die genau in Bildern ausfiel, verrät Marvin nicht. Jedenfalls war am nächsten Morgen etwas Neues da, ein neues Bewusstsein gleichsam, das sich an den alten verwischten Markierungen und Positionen nicht mehr orientierte, sondern instinktiv wusste, wie die Szene zu spielen war.

Methodisch hieße das also – auch für den Schreibenden –: Aus dem Konflikt, dem Problem heraus müssen wir unsere Frage ans Unbewusste möglichst klar, möglichst bewusst, auf jeden Fall aber so dringend als möglich stellen. Diese Frage darf nicht konstruiert, nicht als Witz gestellt werden, sondern authentisch, mit vollem Ernst. Auch da trifft es die alte sprachliche Wendung genau: Die Lösung muss »uns am Herzen liegen«. Dann lässt man sich Zeit – Zeit für einen Traum, Zeit für eine Antwort des Unbewussten.

2. Die Überschwemmung des San Fernando Valley

Die habe ich selbst erlebt. Im Traum. Mein Problem, mein Konflikt war folgender: 2003 musste ich aus meinem Apartment in Sherman Oaks ausziehen. Die neuen Besitzer wollten die Apartments in Eigentumswohnungen verwandeln. Wohin also? Santa Monica am Strand war eine Möglichkeit; aber dort waren die Wohnungen um ein Vielfaches kleiner und um einiges teurer. Wie könnte ich mir das leisten? Und warum überhaupt aus meiner alten, vertrauten Gegend ausziehen?

Just zu diesem Zeitpunkt machte mich ein Freund mit dem Manager des Apartmentkomplexes von gegenüber bekannt. Er hieß »Steigerwald«, dieser Manager, sprach zwar kein Deutsch, war aber umso geneigter, mir das gerade freigewordene, riesige Apartment gegenüber zu vermieten. Ich müsste keinen Dollar an Miete draufzahlen und würde mir die Umzugskosten sparen. Ich hätte mit meinen Sachen lediglich die Straße zu überqueren: *done!*

Nur … – irgendwie war mir nicht wohl dabei. Rein rational gesehen, war der Deal ideal. Die ganze Not, die ganze Aufregung, das ganze Trauma eines riesigen Umzugs wäre vermieden. Und doch war da ein Konflikt, blieb die Frage, die ich hatte: »Handle ich richtig, wenn ich Steigerwald zusage?« – Jetzt rief Steigerwald an, wollte, dass ich ihm einen Scheck für die erste Miete gleich rüberbringe – nur als »security«, eine Formalität. Immerhin würde er mir die Wohnung freihalten, andere Bewerber kämen nicht mehr in Betracht.

Ich sagte: »OK, mach ich. Ich komm nach der Mittagspause rüber und bringe Ihnen den Scheck.«

Ich habe den Scheck ausgestellt, unterschrieben … – und mich dann hingelegt. Auf einen Mittagsschlaf. Nicht gerade den ruhigsten, aber ich schlief schließlich ein.

»Methodisch«, wenn Sie so wollen, genau, was Lee Marvin beschrieben hatte: Die »Probe der Western-Szene« war mein ausgefüllter Scheck, der für Steigerwald schon bereit lag – den Steigerwald aber noch nicht »im Kasten« hatte. In zwei Stunden müsste ich ihn abliefern.

Während des Schlafs, meiner »short night«, träumte mir – Sie ahnen es vielleicht –, dass das San Fernando Valley, in dem ich wohnte, überschwemmt war. Das Wasser reichte mir bis zur Hüfte. Dabei war's ein sonniger Tag, und ich tauchte ziemlich kindisch-vergnügt unter der Freeway-Überführung in den Fluten des Van Nuys Boulevard.

Nach dem Aufwachen, beim Ordnen der Bilder, wurde mir bewusst, was der Traum in not-wendigen Bildern zu mir sagte: »*You better grow up!* Du benimmst dich in dieser – eigentlich katastrophalen – Situation wie ein Kind. Völlig unbewusst. Du realisierst nicht, dass du hier raus musst, die Gegend, auch psychologisch betrachtet, für dich *nicht mehr bewohnbar* ist.« – Die Antwort saß, und die Entscheidung war also gefallen. Ich fühlte mich – das ist der wichtigste Indikator bei diesem Verfahren –, ich fühlte mich sofort enorm entlastet, obwohl mir jetzt Wohnungssuche und ein aufwendiger Umzug bevorstanden.

Dass ich bei der Arbeit an einem Buch ganz bewusst vom Unbewussten ausgehe – also vor allem von solchen Träumen, die mich in ihren Bann ziehen, mich verfolgen, die Gefühlswelt auf lange Zeit heimsuchen, sie mit Wucht überfluten oder über ihr Feuer halten, darauf bin ich in meinen Vorlesungen »Ins Tal der Schatten« (2002), auch in den beiden Heidelberger Poetikvorlesungen »Zur Stadt am Meer« (2004) und »Innen – Amerika – Nacht« (2012) bereits zu sprechen gekommen. Dort ging es meist um die Frage, wie ich mich aufs Unbewusste, das den »Stoff« enthält, einstelle, um einen Dialog zwischen dem Ich und dem Unbewussten in Gang zu bringen.

Das »Ich«, das sind auch *Sie.* Zum Beispiel im stressigen Alltagsleben, wenn Sie sich bei einer Phantasie ertappen – die man dann oft genug, ohne weiter darauf zu achten, beiseiteschiebt. Sagen wir: eine *sexuell getönte Phantasie*, die man beiseiteschiebt, ohne sie daran hindern zu können, sich irgendwann wieder einzuschleichen. Die also etwa im Traum nochmals auftaucht. Oder sich am Tag in einer nicht definierbaren Laune, einer allgemeinen Stimmung niederschlägt, die unsere Haltung dann – jedwedem gegenüber – gefangen hält. Uns also gefangenführt, ohne dass wir uns bewusst wären, was uns in diese Nebel getaucht hat, geschweige denn, was der *Sinn* jener Phantasie-Bilder wäre, die uns erregen – ihr Sinn, der hinter ihnen versteckt läge und ihnen das eigentliche Feuer, die psychische Energie liefert, uns so zu belagern.

Jeder – na ja, die meisten von uns – haben gerade, kaum war das Wort von der *sexuell getönten Phantasie*, die im Alltag aufkommen mag, gefallen … haben *Bilder* gesehen, die kurz – vielleicht nur für Sekundenbruchteile – in ihm oder in ihr aufschienen.

Ich sage: »Sexuell getönte Bilder« …

Vielleicht warte ich ein, zwei Sekunden.

Schon sind sie da. Diese Bilder.

Die waren »heraufgerufen«. Nichts, was Sie hätten verhindern können.

Es war Ihr Unbewusstes, das – einmal »angesprochen« – sofort mit diesen Bildern, Phantasien, Gefühlen antwortete. Es war das Unbewusste, die Quelle aller seelischen Bilder.

Und es hat Ihnen in Bildern, in psychischen Bildern – worunter ich hier auch Stimmungen, Gefühle verstehen will – geantwortet.

Wenn ich sage: es, dieses Unbewusste, sei die »*Quelle* aller seelischen Bilder«, dann trifft das nur *einen* seiner Aspekte. Den schöpferischen, die primordiale Kreativität dieses Unbewussten. Eine »Quelle« aber sieht man mit Augen, man findet sie, man beugt sich zu ihr hinab, man trinkt aus ihr, je nachdem, wie durstig man ist. Das Unbewusste aber ist mehr als die Quelle. Es umgibt uns bereits, bevor wir noch glauben, uns zu ihm »hinab zu beugen«, auf es aufmerksam zu werden. Ja, es umfloss und durch-floss uns schon, historisch betrachtet, als es das Wort »Quelle« noch nicht gab für das, was »herabträufelte, aufsprudelte, überlief«. Es ist *psychisches* Wasser, dieses Unbewusste, das uns so vollkommen und in jeder Hinsicht von jeher umgab und immer umgibt, dass wir es nie unmittelbar sehen – und mittelbar selten genug. Mittelbar hieße zum Beispiel: in Träumen, Phantasien, auf die wir aufmerksam werden und die dann, am Tage erinnert, die Brandspur des Unbewussten noch aufweisen, den Wasserfleck oder die Feuchte des Unbewussten, wenn Sie so wollen.

Fischen gleich also bewegen wir uns *in* und leben wir *von* und sehen wir *durch*: ein uns unsichtbares Etwas. Wir stehen und gehen lebendig ertrunken in einem gläsernen Meer, den Wassern der Psyche. Das heißt, wir nehmen nicht wahr, dass die *Grundvoraussetzung* für alles, was wir tun und denken, eine *psychische* ist. Das gilt für den Bereich des Glaubens ebenso wie für den Bereich der Wissenschaft, die beiden großen, scheinbar unvereinbaren Gegensätze unserer Zeit. Die Realität der Psyche ist Grundvoraussetzung für alles, was wir beträumen oder beforschen, anerkennen oder leugnen, lieben oder hassen. Lassen Sie mich dazu Carl Gustav Jung zitieren, der 1951 in »Aion« schrieb:

> [Wir erleben heute] das sonderbare Schauspiel zweier gleichzeitig nebeneinander herlaufender Weltanschauungen, die voneinander nichts wissen wollen oder können [...] Im Laufe des 18. Jahrhunderts kam es zu der wohlbekannten *Unvereinbarkeit von Glauben und Wissen*. Dem Glauben fehlte die Erfahrung und dem Wissen die Seele. Dafür glaubte die Wissenschaft an eine absolute Objektivität und sah geflissentlich von der prinzipiellen Schwierigkeit weg, dass der eigentliche Träger und Erzeuger des Wissens die *Psyche* ist, und ausgerechnet von ihr wusste man die längste Zeit am allerwenigsten.[1]

Weiter unten sagt Jung: »Da sich Gegensätze« – also etwa religiöser Glaube und Wissenschaft – »auf ihrem eigenen Niveau nicht einigen lassen (tertium non datur!), so bedarf es immer eines übergeordneten Dritten, in welchem die Parteien zusammen kommen können.«[2]

Edward F. Edinger, in seinem Kommentarband zu Jungs »Aion«, benennt dieses »Dritte«:

»Die Jungsche Tiefenpsychologie verschafft uns ein solches ›tertium‹, eine dritte Position auf neuer Ebene; eine dritte Position, die imstande ist, beide ›world-views‹, beide Weltsichten [i.e. den religiösen Glauben *und* die Wissenschaft] in Einklang zu bringen.«[3]

All das schicke ich meinen nächsten Bildern, jenem dritten und vierten, voraus – auch um Ihnen verständlich zu machen, warum ich im Folgenden einmal genauer als bisher, in größerem Detail, auf einen Traum eingehen will, der zur Grundlage wurde, zur »Quelle«, für ein ganzes Kapitel meines Romans »Sunrise – Das Buch Joseph«. Ich sage ja nicht, dass

1 C. G. Jung, *Aion. Beiträge zur Symbolik des Selbst*, in: Ders., *Gesammelte Werke*, Bd. 9/2, Solothurn – Düsseldorf 1995, 186f.

2 Ebd., 193.

3 Edward F. Edinger, *The Aion Lectures. Exploring the Self in C. G. Jung's »Aion«*, Toronto 1996, 134.

die Bilder des Unbewussten für jeden von Ihnen *solche* Wichtigkeit einnehmen sollten. Ich berichte Ihnen lediglich von meinen Erfahrungen beim Schreiben. Beim Schreiben – das heißt eben: beim Leben. Beim Leben, das heißt: Leben der Psyche, die ich, so gut ich es vermag, mitbeobachte, mitbeachte, mitbefrage. Menschenmöglichst bewusst. Denn ohne sie – und ohne diese Einstellung zu ihr und zum Leben – wäre es nicht lebenswert, ganz im Sinne der Worte des Sokrates in der »Apologie«: ὁ δὲ ἀνεξέταστος βίος οὐ βιωτὸς ἀνθρώπῳ, »Ein Leben ohne Selbsterforschung verdient nicht gelebt zu werden.«

3. Die Kreuzesgrube

Am 20. Januar 2008 kam mir ein Traum, der später zum zentralen Bild des 32. Kapitels von »Sunrise« wurde. Es trägt den Titel »Die Grube«.

Ich saß damals, müssen Sie sich vorstellen, mitten an der – ziemlich qualvollen – Arbeit an diesem »Buch Joseph«. Versuchte auch, dieser Arbeit immer wieder zu entkommen. Ich wollte Zerstreuung, um die Bürde der Inhalte dieses Romans, d. h. seine Bilder, nicht ständig tragen, mich an ihnen nicht immer wieder erschöpfen oder vor ihnen und der dramatischen Darstellung, die sie von mir forderten, kapitulieren zu müssen. Und wurde immer wieder eingeholt, abgestraft. *No fiction.* Dem neurotisierten Ich verdirbt die Psyche nämlich dann *alles*, weil es dem *Einen* nicht dient, den Auftrag dafür zwar vernommen hat, ihn angenommen hat – ich wusste, ich *muss* dieses Buch schreiben, selbst wenn es mein letztes wird –, aber nicht mit völliger Hingabe, nicht bis zur Selbstaufgabe ausführen will. Denn da – an der Grenze zur Selbstaufgabe –, wusste ich, würde's gefährlich.

Andererseits hat das Qualvolle dieses Arbeitsprozesses eine wunderbare Nebenwirkung: Wenn man tagtäglich mit der eigenen Unfähigkeit konfrontiert wird, die seelischen Bilder adäquat in Prosa zu übertragen, ist man weniger inflationsgefährdet. Psychische Inflation, das ist der Terminus für den alten Hochmut, die Aufgeblasenheit. Denn diese gewaltigen Inhalte blasen jeden auf, sofern er sich mit ihnen identifiziert. Das heilsamste Mittel gegen psychische Inflation ist daher einerseits stetige – mehr oder wenig qualvolle – unspektakuläre Arbeit, und das heißt: regelmäßig erlittene kleinere oder größere Niederlagen beim Schreiben. Diese »Niederlagen« werden wieder gutgemacht, aber nie so, dass man sich eines Sieges freuen könnte. Das schützt – man muss sich immer wieder daran erinnern – vor dem Fall in den Abgrund.

Jetzt aber zum Traum vom Januar 2008, den ich – es war ein um die Mittagszeit erlebter Traum – im Tagebuch so beschrieben und gleich mehrfach skizziert habe, das Bild festzuhalten:

Ich stieg an einer Leiter hinab. Am Fuße der Leiter, die auf einem Erdvorsprung stand, ging ich ein paar Schritte weiter bis an den Rand, unterhalb dessen eine zweite Leiter lehnte, mit deren Hilfe ich noch tiefer hinabstieg. Unten, in etwa 10 Meter Tiefe, sah ich staunend, dass ich mich auf dem Grund einer großen, rechteckig ausgehobenen Grube befand. Die um mich her aufragenden Erdwände waren sorgsam geglättet. Wo war ich? Einige Menschen spazierten bereits in der Grube umher, »besuchten« die Grube, so fühlte sich's an. Denn atmosphärisch ähnelte mein Erlebnis in diesem Moment einem »Besuch im Museum« – und diese Menschen wohl »Besuchern eines Museums«, die mehr oder weniger aufmerksam sich dies oder jenes Exponat anzusehen gekommen waren. Aber hier gab es – jetzt erschrak ich, als ich's erkannte – nur ein *»Exponat«. Es war riesig, lag inmitten dieser Grube.*

Furchtsam ging ich darauf zu: Da lag ein riesiges, etwa 12 Meter langes Glaskreuz … Lag auf dem Boden der Grube. Menschen strichen umher, einer stieg sogar auf die Oberfläche des Glaskreuzes, ging sie entlang! Im Traum fühlte ich sofort Entrüstung, als sähe ich jemanden auf einen Grabstein treten. Wussten die Leute wirklich, was hier lag? Das Glaskreuz selbst bestand aus zwei langen, feinkantig geschliffenen, durchsichtigen, rechteckigen Glasquadern. Erstens: einem zwölf Meter langen, dem »Längsbalken«, und zweitens: einem etwa vier Meter langen Quader, der den ersten etwa zwei bis drei Meter unterhalb der Spitze als »Querbalken« durchfuhr. Das liegende Quaderkreuz war etwa einen Meter hoch und ebenso breit.

Innerhalb des Quaderkreuzes aber – im Traum war's ein Moment höchster Gefühlsanspannung –, im gläsernen Quaderkreuz selbst erkannte ich: ein wirkliches, ein althölzernes, ein – wusste ich sofort – »antikes«, dunkelnarbiges Kreuz. Es schwebte auf halber Höhe seiner gläsernen Behausung und kam ihr an Länge und Breite in etwa gleich. Das dunkel-antike, vernarbte Holzkreuz schwebte also wie festgefroren im Quaderkreuz selbst; schwebte in einer hellbraun-gelb bernsteinfarbenen Flüssigkeit, die das Glasinnere ausfüllte. Warum sage ich »Flüssigkeit«? Es war einerseits Bernstein – also fossiles Harz –, war ein antikes hölzernes Kreuz, das im Bernstein des Quaderkreuz-Inneren schwebend eingeschlossen war. Andererseits schien etwas daran »lebendig«, Noch-Flüssiges zu signalisieren.

Vielleicht waren es die miteingeschlossenen Luftbläschen hie und da, kleine Sand-, Staub- oder Pflanzenpartikel, die alles lebendig-flüssig erscheinen ließen. Vor allem aber kam das »Lebendige« – aus meiner Sicht – von rechts unten, vom Fußende des Kreuzes her und zog meine Aufmerksamkeit jetzt ganz auf sich: Ein gewelltes – vielleicht vermodertes? – Blatt, das, im lebendigen Herabfallen gehalten, aufgehalten, knapp überm dunkel-hölzernen Längsbalken angehalten, wie windgetrieben, im

Bernstein doch noch zu flattern schien. Seine starre Form schien zugleich so bewegt, dass ich im ersten Augenblick übersah – und immer wieder übersah –, dass es unbeweglich miteingefroren war. Im Traum wusste ich – mit der selbstverständlichen Sicherheit, die einem Träumer manchmal zu Teil wird –, dass dieses paradoxe, bewegt-stille Blatt vom Paradiesbaum gefallen und essbares, in der Sprache meiner Traumgedanken: »Paradiesbaumbrot« war. Aber davon würde ich – zumal sich hier keine Gelegenheit bot – zu essen nicht wagen. Und doch wusste ich im Traum »irgendwie«, dass das Blatt »salzig und süß zugleich« schmecken würde.

Als ich näher an den Glaskasten herantrat, erkannte ich, dass der lange untere Teil des antiken Hauptbalkens in Form einer Leiter – zwei Holme mit verbindenden Sprossen – gezimmert war, die sich unterhalb des Querbalkens bis hin zum Fuß des Kreuzes erstreckte. Ganz unten, neben meinem augenblicklichen Standort, fiel mein Auge auf ein letztes Detail: am Fußende der beiden Holme der Leiter, also noch unterhalb der ersten Sprosse, war jeweils ein dunkles Eisenkreuz mit gusseisernem Kruzifixus, 12 cm lang, angebracht, an jedem Holm-Ende einer. Als ich's sah, fragte ich mich, ob etwa einer der anderen Besucher diese letzten Details schon bemerkt hätte oder ob ich der erste war, der sie sah. Mir jedenfalls schien es so. Ich stand da, still, aber aufs Höchste angespannt – unter dem Eindruck, Numinoses vor Augen zu haben.

Das war der Traum von der Kreuzesgrube, zu dem ich auch gleich ein paar Skizzen anfertigte:

Traumskizze © Patrick Roth

Es handelt sich um einen archetypischen Traum, denn er enthält nichts – oder kaum etwas –, dem ich im Alltag begegne, je begegnet wäre. So ein Kreuz hatte ich noch nie gesehen, schon gar nicht in einer Grube.

Wer hatte hier gegraben – und *wozu*? Um zu vergraben, dieses Kreuz zu vergraben?

Oder war's gerade ausgegraben worden, diese Grube noch neu?

Ich tendierte zum letzteren, war aber im Übrigen so erschlagen von diesen Bildern, vom Gesamteindruck dieses Traums, dass ich zunächst nur aufschreiben konnte, was ich gesehen hatte. An die so wichtige Notierung meiner Assoziationen zu den einzelnen, jetzt sprachlich fixierten Elementen des Traums kam ich gar nicht. Ich stand unter der Glocke des Traums – und wusste nicht weiter.

Ich muss hinzufügen, dass das Notieren der Assoziationen zu den einzelnen Traumelementen so wichtig ist, weil diese Assoziationen stets *vor* dem Versuch einer Interpretation zu sammeln sind, dann gleichsam synoptisch neben die Traumdetails, von denen die Assoziationen ausgingen, gelegt werden sollten, um in einer nächsten Phase, immer noch vor der eigentlichen Interpretation, beides: Traum-Elemente und Assoziationen vergleichend betrachten zu können, d. h. beide Ebenen, die primäre und die sekundäre, zu berücksichtigen, indem man sie gegenseitig – wie im Auf und Ab eines aufkommenden und wieder verschwindenden *Dissolve* – übereinander legt, dabei das eine aufs Andere hin durchscheinen lässt.

Nur drei Notizen machte ich mir, wenige Minuten später.

Erstens: erinnerte ich mich, dass ich kurz vor dem Mittagsschlaf, kurz vor dem Traum also, in einem Buch C. G. Jungs von einer Analogie gelesen hatte, in der er die Unsichtbarkeit eines jeden Archetyps mit dem unsichtbar in jeder Salzlösung enthaltenen Kristallgitter verglich, einem Muster also, das erst sichtbar wird, sich »auskristallisiert«, wenn die Salzlösung verdampft. – Ich dachte: Das Kreuz, das ist – schon vorchristlich – einer der mächtigsten Archetypen überhaupt, ein Symbol, das nicht auszudeuten ist. Und ich muss es in seinen schier unendlichen Facetten auch gar nicht ausdeuten. Ich sollte allerdings wissen, was es *hier und jetzt* – in diesem jetzt und heute mir eingekommenen Traum bedeutet. *Mir* bedeuten soll und mir *deuten* will.

Zweitens: Der Längsbalken des antiken hölzernen Kreuzes war im Traum eine Leiter gewesen – zwei Holme durch Sprossen verbunden. Ich assoziierte eine Stelle in einer Augustinus zugeschriebenen Predigt, die mir einst aufgefallen war. Augustinus beschreibt darin Jesus, der das weibliche Holz des Kreuzes wie ein Bräutigam besteigt, als ginge es zur Hochzeit, zur Vereinigung. Eine unheimliche, ungeheuerliche Sicht, die die blutige Marter der Kreuzigung völlig anders deutet. Die aber nahelegte – und *das* vor allem war, was mich an meiner Assoziation so stark beunruhigte –, dass die Leiter den Betrachter zum freiwilligen Besteigen *auffordert*, zu seiner eigenen Kreuzigung einlädt. Wenig später schlug ich die Stelle nach und las: »Gleichsam als ein Bräutigam ging Christus aus seiner Kammer hervor, er ging mit der Vorherverkündigung seiner Hochzeit in das Feld der Welt hinaus. Er gelangte bis zum Bette des Kreuzes, und da hat er, indem er hinaufstieg, die Ehe bestätigt [»firmavit ascendendo coniugium«]. Und als er die schweren Seufzer der Kreatur fühlte, hat er sich in frommer Selbsthingabe für die Gattin zur Sühne hergegeben, und hat mit ewiger Geltung sich die Frau anverlobt.«[4] – Die Frau, »matrona«, das ist die Kirche.

Dritte und letzte Notiz: die ausgehobene Grube im Traum. Zusammen mit dem riesigen Kreuz, das flach auf ihrem Grund lag, ausgegraben, jetzt »ausgestellt« war – von jenen »Museumsbesuchern« besucht –, erinnerte mich dieses Motiv an eine Sequenz aus Stanley Kubricks »2001–A Space Odyssey« von 1968. Darin gab es eine Szene, die ebenfalls von »Besuchern« handelte: Auf dem Mond hatten die Amerikaner, unter strenger Geheimhaltung, einen Fund gemacht: einen mysteriösen Quader, einen »Monolithen« ausgegraben. Aufrecht steht er, von Scheinwerfern angeleuchtet, inmitten einer tiefen Grube, in die eine Gruppe von Männern in Raumanzügen hinabsteigt, an einer Rampe hinab. Sie, diese »Besucher«, stellen sich vor dem Monolithen auf, ein paar

4 Aurelius Augustinus, *Natali Domini IV*, Sermo suppositus 120,8, zit. nach: C. G. Jung, *Symbole der Wandlung*, in: Ders., *Gesammelte Werke*, Bd. 5, Düsseldorf 1995, 346, Anm. 156.

Gruppenphotos von sich und dem mysteriösen Fund zu machen. Da durchkreuzt die Szene ein schmerzhaft gellender Ton – ausgelöst vom Versuch, das Photo zu knipsen, so scheint es. Und die Besucher winden sich wie wahnsinnig vor Schmerz.

Szene aus dem Film »2001–A Space Odyssey« (1968; Regie: Stanley Kubrick)

Ich erinnerte mich auch gelesen zu haben, dass Kubrick und Arthur C. Clarke ihren Monolith ursprünglich als »teaching machine« konzipiert hatten, der den ersten Hominiden die »basics« – durch Bilderscheinungen auf der perfekt-glatten Oberfläche des Quaders – beigebracht hätte. Dieses Konzept wurde später verändert. Clarke und Kubrick sahen den Monolithen nun als ein Etwas, das den Urmenschen zu transformieren imstande war, also die eigentliche *Bewusstwerdungsexplosion* ausgelöst hatte: Nach dem ersten Kontakt mit der Oberfläche des Quaders kommt dem Menschenaffen (den sie in ihrem Drehbuch »Moonwatcher« nannten) zum ersten Mal der »Gedanke«, einen Knochen als »tool« – als Werkzeug, als Hammer und Waffe – zu benutzen. Man könnte sagen, dass der Monolith Kubricks und Clarkes einem Aspekt »des Steins« – des Lapis der Alchemisten – entspräche, hier also symbolischer Ausdruck wäre für das Mysterium, das hinter dem Evolutionssprung stünde, gleichsam die kollektive Individuation der Menschheit in Gang gebracht hätte.

Eben dieser Prozess, könnte man argumentieren, war bereits vor vielen tausenden von Jahren in Bewegung: wenn man an die von unseren Vorfahren aus Träumen und Visionen bezogenen Ritzzeichnungen, an die Kreuze und Kreise und durchkreuzten Kreise denkt, von denen die Wände urzeitlicher Höhlen zeugen. Das Kreuz und der Kreis würden gleichsam zu den ersten Früchten menschlichen Bewusstseins gehören, zugleich aber auch zu seinen ersten aktiv wirkenden Förderern. Das Unbewusste hat sie erzeugt, diese ersten Mandala-Formen. Als »ersten Früchten« liegt ihnen aber auch noch Zeugungskraft inne, der primordial schöpferische, inspirierende Funke, der fördernd wirkt, indem er das Feuer der Bewusstwerdung auf den Betrachter wirft, ihn »trächtig« macht, neue Bilder in ihm erzeugt.

Hier, das ist klar, stehe ich mit der Assoziation schon zu nah an einer Deutung, und bin mir selbst – der ich den Traum damals gerade geträumt hatte, noch ganz unter seinem Eindruck stand – um Monate voraus.

Sicher ist, dass alles sehr langsam vor sich ging. Jeden zweiten Tag kam durch Bebrütung des Traums, durch Nachdenken über die Bilder etwas Neues, ein kleiner Erkenntnissplitter hinzu. Je länger ich über die Sache nachdachte, das heißt auch: je *intellektueller* ich (im Versuch, möglichst schnell Sinn aus dem Traum zu ziehen) mit den Bildern umging, gerade weil sie so dunkel, so riesig, so überschwer, so unfassbar-unbegreiflich schienen, desto mehr wuchsen Angst und Sorge, der Traum mit dem übermenschlich großen Kreuz könnte mir übergroßes Leid, ein unerträgliches Leiden ankündigen. Was kündigt dieses Kreuz mir an – warum kam es mir jetzt? Man kann verrückt werden, wenn man sich an intellektuellen Bedenken weiterhangelt, sie ausdehnt, ausspinnt. Statt sich des Gefühls, des Eindrucks ganz am Ende des Traums zu erinnern. Der war ja: numinos. Hier war etwas unbegreiflich Göttliches, das einen eigentlich sofort in die Knie zwingt. Wer kann da noch stehen?

Wer da noch steht – damals noch stand –, auch das bebilderte der Traum peinlich-deutlich: Das waren *die*, die jene Grube »museumsmäßig« durchschritten, letztlich nicht wussten, was man da ausgegraben, gefunden hatte. Es waren personifizierte Aspekte *meines eigenen Schattens*, die auf dem Grund der Grube ums riesige Rätsel herumspazierten, ahnungslos, im besten Fall noch ästhetisch an ihm interessiert, in touristischer Fotografierhaltung dem »historisch kuriosen« Objekt gegenüber. Vom Wesentlichen waren sie nicht erfasst, allzu naiv, blind dafür. Ich bin erinnert an die Foto-Touristen in unseren Kirchen heute. Denen ist alles an diesen Orten gerade fremd genug geworden, »tot genug« – so scheint es –, es jetzt schamlos abfotografieren zu können, digital-touristisch zu speichern, zu begaffen, zu beschreiten. Was dort »hängt« oder hier »ragt«, im Halbdunkel der Kathedralen-Nische zu sehen ist, wird nur noch *ästhetisch* ästimiert. Die Inhalte – die Seele – werden nicht wahrgenommen, sind nicht mehr lebendig für streifende »Museums-Besucher«.

Meine Schattenbesucher im Traum spiegeln genau diese Haltung, spiegeln sie innen, so dass ich schließlich in ihnen – neben dem geheimnisvoll-widersprüchlichen Kreuz – den zweiten Fund dieses Traums erkennen musste. Einen persönlichen Schattenaspekt, den es anzuerkennen galt, wenn ich ihn mit der Zeit assimilieren, dem Bewusstsein anverwandeln wollte.

Ich rede von den »Touristen« in uns, die alles fotografieren und nichts mehr erleben, alles »für später« speichern, aber die Erfahrung nicht mehr wirklich an sich heranlassen. Die nehmen an Zahl täglich zu. Käme Jesus heute hinter einer Kirchensäule hervor, ginge auf solche Besucher zu, würde von ihnen erkannt, dann würden die meisten sofort mit ihrem iPhone oder Fotoapparat draufhalten. Fürs »Selfie mit Jesus«, das sie dann an die Facebook-Gemeinde weiterleiten.

Das sind »die Besucher«. Sie sind immer und überall nur auf Besuch – nie lassen sie sich verpflichten. Ihre Attitude ist: »Next! … Was gibt's hier *noch* Schönes?« Die Besucher – auch die in meinem Traum also – sind allerdings personifizierte psychische Schatten-Inhalte, die diese touristische Weltanschauung verkörpern. Der Traum zeigt keine Tiere, er zeigt Menschen. Das hieße, man könnte durchaus mit ihnen reden, sie – diese psychischen Inhalte – wären letztlich belehrbar. Diese noch Anonymen könnten Einsehen haben.

Denn, umgekehrt jetzt, sollte man sie auch durchaus verstehen: Sie reisen ruhelos, denn es gibt ja kein Zentrum mehr für sie, ihnen ist keines mehr in Sicht, kein Mittelpunkt, auf den sie sich beziehen und dem sie sich seelisch verpflichten könnten. Den Bezug auf ein Höchstes, ein Absolutes, Unendliches – halten sie für ein Hirngespinnst, für menschengemacht, für zweckausgerichet, menschenerdacht. Dann schon lieber fotografieren! »Was man hat, das hat man. Und das Selfie mit Jesus vorhin, das war doch schon was!«

Es war ein gutes Zeichen, dass mein Traum-Ich wenigstens spontan entrüstet war, als es einen dieser Besucher auf dem Glaskreuz herumstolpern sah. Eine Art Tabu war da unbewusst überrannt worden. Gut, dass das instinktiv schmerzte.

Aber was war dieses Kreuz – warum *mir*, warum *jetzt*? Irgendwann, vielleicht erst Wochen später, fiel mir dazu ein: Was ist denn meine Frage? Eine Frage, die ich unbewusst lebe – und die etwa durch dieses Traumbild beantwortet sein könnte? Das hieße: Wenn ich das Traumbild nicht verstehe, überhaupt nicht begreifen kann, dann könnte es eine Antwort darstellen auf eine *unbewusst gelebte Frage*, die erst noch von mir herausgeschürft, aus dem unbewussten Alltagsschlamm täglichen Lebens extrahiert werden müsste. Und eigentlich »lag sie«, diese Frage, auf der Hand – unsichtbar, weil unmittelbar vor Augen. Meine Frage, die Frage, die ich mir seit 2005/2006 immer wieder gestellt hatte – in so vielen Ansätzen, Recherchen, Experimenten, Lektüren, Traumaufzeichnungen und Tagebucheinträgen –, war:

Wie schreibe ich meinen »Joseph«, wie gestalte ich diesen riesigen, immer gewaltiger anwachsenden Stoff? Wie ist dieser Joseph zu verstehen?

Das Urbild – der eigentliche Ausgangspunkt für den Roman, den ich, das wusste ich, irgendwie schreiben musste – war, dass diesem Joseph kurz nach Vollendung von Jesu zwölftem Jahr in einem Traum befohlen wurde, seinen Sohn auf einem Berg, den Gott ihm weisen will, zu opfern. Die Prüfung Abrahams und das Isaak-Opfer vollzögen sich also nochmals. Mit ungewissem Ausgang.

Warum?

Weil.

Weil es so geschieht, diesem Joseph so im Traum geschieht, und er diesen Traum – er, der auf Träume achtet – nicht mehr loswird, nicht mehr abschütteln kann. Gott *will* dieses Opfer, jetzt, Jesus. IHM hingeschlachtet im zwölften Jahr. – Das ist zum Wahnsinnigwerden, das ist unerträglich.

Aber hier – ich fasse Überlegungen, Gefühle, Gedankengänge von Monaten zusammmen –, hier war etwas, das entsprach der Schwere, der Riesigkeit, der Ungeheuerlichkeit und dem Geheimnis des Kreuzes in der Grube meines Traums. Denn mit jenem Traum, Traum Josephs, Traum-Auftrag Josephs, seinen Sohn Gott als Opfer darzubringen, war's doch, als stünde Joseph unendlich beschwert auf dem Grund einer Grube, einer Grube, aus der kein Entkommen wäre – denn wie entkäme er diesem Traumbefehl Gottes? –, einer Grube grabesgleich ausgehoben für ihn, Joseph.

Sie sehen, Sie *hören* vielleicht, wie in solchen – hier gerafften – Zirkumambulationen, das heißt gleichsam konzentriert meditierenden Umkreisungen sowohl der Motive des Traums als auch meiner wiedergefundenen zentralen Frage, die durch den Traum von der Kreuzesgrube beantwortet war, sich langsam ein Sinn herausschält. – Sie können eine gefundene Sinnader auf ihre Echtheit, auf Authentizität hin testen, wenn sie plötzlich, kaum haben Sie sie erkannt: Erleichterung verspüren. Psychische, ja oft sogar physische Erleichterung. Ein Maß an Erleichterung. Dann befinden Sie sich auf dem rechten Weg, Deutungsweg. Dann ist die Richtung identisch mit dem »Sinn«. – Keine Erleichterung? »Keep circumambulating«, umkreisen Sie weiter! Jede Umkreisung, ob im Traum oder im brütenden Nachhinein, beschwört eine Mitte; auch wenn sie vom Bewusstsein noch nicht erfasst, noch nicht gesehen wird.

Was ich hier also – als erstes Ergebnis nach Wochen – hatte, war, dass sich mein Traum auf Joseph, auf Josephs Aufgabe, mithin aber auch auf meine Arbeit am »Buch Joseph« bezog. Und damit also doch letztlich auch auf mich deutete. Mir hieß das: Der »Joseph« wäre also nicht von außen zu beschreiben, sondern müsste ganz von innen beschrieben werden. Dann bin *ich* »Joseph«. Und »Joseph«, das ganze Projekt, das ganze *assignment*, der Zwang, es irgendwie auszuführen, das Leiden daran, wäre zu mir gekommen, weil hier etwas für mich ist. Hier etwas in mir vergraben liegt, das noch auszugraben, das noch zu entdecken, das noch zu deuten wäre: dieses Kreuz in seiner Bedeutung für mich, für mich und für Joseph. Da oszillierte es hin und her, wie ein sich immer wiederholender, auf- und abgeblendeter *Dissolve*. Den deutete ich mir folgendermaßen: Beide – Autor und Protagonist, mithin das Persönliche und das Archetypische – müssten verschmolzen werden. Das Archetypisch-Heilige soll Mensch werden, und Joseph gerade in seiner dunkel-stillen, unbeachteten Menschlichkeit hervorgeholt, vor-gestellt sein; der Mensch aber soll durch seine bewusste Mitarbeit am göttlichen Drama erhöht, hoch-erhöht, dabei begrenzt, bei sich bleibend, menschlich: *Joseph werden*.

4. Die Auffindung des Kreuzes in der »Legenda Aurea«

Achtzehn Monate nach meinem Traum von der Kreuzesgrube, am 19. Juni 2009–die Arbeit an »Sunrise«, am »Buch Joseph«, verlief immer noch stockend –, war ich dabei zu recherchieren, welche Vorstellungen man sich bisher, durch die Jahrhunderte hindurch, von der Holzart des Christuskreuzes gemacht hatte. Dabei stieß ich auf einen Begriff: *Inventio Crucis*. Übersetzt: »Auffindung des Kreuzes«, von der ich noch nie gehört hatte.

Damit bezeichnet man ein bestimmtes Motiv aus einer Bilder-Sequenz mittelalterlicher Legenden, der »Legenda Aurea« des Jacobus de Voragine aus dem 14. Jahrhundert. In ihnen wird den Spuren der Geschichte des Heiligen Kreuzes nachgegangen, von der Zeit des Kaisers Heraclius im 7. Jahrhundert bis in die biblische Urzeit Adams hinab, ja bis ins Paradies. Um dort dann, im Paradies selbst, zum Ursprung des Holzes aus dem Baum der Erkenntnis zu gelangen. Diese Legenden-Reihe, sah ich mit größtem Erstaunen, enthielt auch mein Bild: nämlich das von der Grube, in der ein Kreuz ausgegraben wird.

Adam Elsheimer: Kupfertafel des Kreuzaltars. Die Kreuzauffindung, 1603

Die Ähnlichkeit des Motivs mit dem Frame aus Kubricks »2001« und mit den Skizzen, die ich zu meinem Traumbild von 2008 gemacht hatte, ist offenbar. Die Legende von der Kreuzauffindung spielt im frühen 4. Jahrhundert. Damals soll Helena, die Mutter Kaiser Konstantins, in Jerusalem – in der Nähe des Golgotha-Hügels – Grabungen veranlasst und dabei das wahre Kreuz gefunden haben. Auf Adam Elsheimers Bild ist sie oben am rechten Rand der Grube zu sehen.

Die erste Wirkung, die dieser Fund bei mir zeigte, war große Erleichterung. Jetzt konnte ich mir sagen: »So I'm *not* going crazy, I'm *not* going nuts.« Andere haben, schon viele Jahrhunderte vor mir, dieses Bild gekannt, dieses Bilds gedacht, es verehrt und am ausgegrabenen Kreuz in der Grube ihre Imagination, ihre Phantasie – das Unbewusste – sich entzünden sehen.

Jung hat in »Aion« die Wichtigkeit archetypischer Bilder, wie wir sie in solchen Legenden, Märchen, Träumen und Mythen finden, erläutert. Er kommt dabei auch auf das Phänomen der Erleichterung zu sprechen, das Abfallen der Ängste und Sorgen, die von jenem Traumbild der Grube ausgegangen waren, sich mit dem Legenden-Fund aber lösten. Die Arbeit am Buch ging nun stetig und flüssig voran. Bei Jung heißt es:

> Ohne schon vorher vorhandene bewusste Begriffe ist Apperzeption bekanntlich unmöglich. Aus dieser Tatsache erklären sich viele neurotische Störungen, die im Wesentlichen darauf beruhen, dass im Unbewussten gewisse Inhalte konstelliert sind, welche mangels apperzipierender Begriffe (von »greifen«, comprehendere) nicht ins Bewusstsein aufgenommen werden können. Es ist darum so ungemein wichtig, dass den Kindern Märchen und Legenden erzählt und den Erwachsenen religiöse Begriffe (dogmata) beigebracht werden, weil sie instrumentelle Symbole darstellen, mittels welcher unbewusste Inhalte ins Bewusstsein übergeleitet und dort gedeutet und integriert werden können. Geschieht dies nämlich nicht, so fließt deren oft beträchtliche Energie auf normalerweise wenig betonte, bewusste Inhalte ab und erhöht deren Intensität zu pathologischen Graden. Daraus entstehen scheinbar grundlos Phobien und Obsessionen, wie überspannte Ideen, Idiosynkrasien, hypochondrische Vorstellungen und intellektuelle Perversitäten, die sich je nachdem sozial, religiös oder politisch tarnen.[5]

Zurück zur Legenden-Sequenz, den Phantasien, die jene legendäre Auffindung des Kreuzes durch Helena ausgelöst hatten. Bei jener Sequenz in der »Legenda Aurea« haben wir

5 C. G. Jung, *Aion* (s. Anm. 1), 181f.

es mit einer Serie von Bildern zu tun, in denen das Kreuz immer wieder gefunden, dann wieder vergraben oder geraubt oder verloren wird, um abermals gefunden, zurückerobert, zurückgetragen, erhöht zu werden. Es ist, als sei hier, an dieser Auf- und Ab-Bewegung, am Oszillieren des archetypischen Bilds, eine Grundeigenschaft des Unbewussten selbst zu beobachten: Das Unbewusste *will* bewusst werden (gleichsam »ans Licht kommen«) – und doch nicht ganz.

Denn *vor* dieser Auffindung durch Helena um 325 n. Chr. soll das Holz in Jerusalem aus den Wassern des Teichs von Bethesda aufgetaucht sein, des Schafteichs, an dessen Ufer die Lahmen, Blinden und Kranken lagen, die darauf warteten, dass »ein Engel in den Teich herab[stieg] und [...]das Wasser [bewegte]« (Joh 5,1–15). Jesus heilt hier den Lahmen, der »aufgrund seiner Behinderung nicht zur rechten Zeit in das Wasser gelangen konnte.« Unheimlich kinematisch, wenn man sich vorstellt, dass im Bildhintergrund jener Wunderheilung: der Balken im Teichwasser schwebt, sacht herangetragen schließlich ans Ufer stößt. Der Balken, der wenig später herausgezogen, an die Römer verkauft, als Kreuzigungsbalken dienen wird. – Legende, wie gesagt. Aber was sind Legenden – wenn sie sich allgemein über Jahrhunderte halten –, was sind sie anderes als *psychische Tatsachen*. Diese psychischen Inhalte, denen die Legende Ausdruck und Form, denen sie ihr erzählendes *Gefäß* leiht, sind *wirklich*. Denn sie *wirken*, diese psychischen Inhalte, werden wirksam in diesen Legenden.

Vor jener Zeit noch, also lange vor Jesus, tiefer hinab, sagt die Legende, hatte König Salomo dieses Holz einst vergraben lassen. Nämlich dort, wo später der Schafteich entstand, also der Teich von Bethesda, aus dessen Wassern das Holz aufgetaucht war. Salomo ließ es vergraben, nachdem die Königin von Saba – einer Vision folgend – sich geweigert hatte, dieses

Holz, das als Brücke über einen Fluss diente, zu betreten. Stattdessen ging sie barfuß durch den Fluss ans andere Ufer auf König Salomo zu.

Und davor noch, also noch tiefer hinab, soll es im Besitz Moses gewesen sein. An diesem Holz, sagt die Legende, soll Mose die eherne Schlange erhoben haben – das Bild wurde später als Präfiguration der Kreuzigung gedeutet. Wer unter den Israeliten, die von Gottes feurigen Schlangen gebissen worden waren, nun das Bild der von Mose am Holz erhobenen ehernen Schlange erkannte, ward sofort geheilt (Num 21,4–9).

Und davor noch, zur endlich-tiefsten Schicht hinab gelangt, erzählt die Legende: »Als Adam krank war, ging sein Sohn Seth an das Tor des irdischen Paradieses und begehrte Öl vom Baum des Mitleidens, dass er den Leib seines Vaters Adam damit salbe und ihn gesund mache.« Dieses Öl wird ihm aber vom Erzengel Michael verweigert. Noch nicht, noch lange nicht soll er davon haben, heißt es. »Trachte nicht das Öl vom Baume des Mitleidens zu erhalten und weine nicht darum, denn das mag dir nicht werden ehe denn vergangen sind fünftausend und fünfhundert Jahr.« Stattdessen gibt der Engel dem Seth einen Zweig vom Baum des Sündenfalls, vom Baum der Erkenntnis. »Wenn dieser Zweig Frucht bringt«, sagt der Engel, »so soll dein Vater gesund werden.« Als Seth heimkam, war sein Vater bereits gestorben. »Da pflanzte er den Zweig auf sein Grab, und der Zweig wuchs und ward ein großer Baum.«[6]

Was würde es, frage ich mich, psychologisch bedeuten, dass das kollektive Unbewusste, das aus diesen Legenden spricht, so über den Ursprung des Kreuzes sich äußert: Es stammt aus dem Paradies, dem Ort primordial-urtümlicher Einheit, wurde

6 *Die Legenda Aurea des Jacobus de Voragine*, übersetzt von Richard Benz, Darmstadt 1993.

gebrochen vom Baum der Erkenntnis von Gut und Böse, dem Ort primordialer Entzweiung und Bewusstwerdung der Menschen, später in die Erde gepflanzt überm gefallenen Adam, mit den Wurzeln sich künftig zu nähren aus ihm, diesem ersten Sünder, um aus ihm die höchste Frucht wachsen und reifen und einst erhöhen zu lassen – all das aus dem zerfallenden Körper Adams, Seines Verbannten?

Ich rede davon, denn es war doch dieses Holz – das psychologische Holz dieses Baums –, das sich im Längsbalken meines Traums von der Kreuzesgrube zu einer Leiter ausdifferenziert hatte, als sei der Träumer letztlich aufgefordert, angemahnt, die eigene Kreuzigung zu begehen.

In die *Ascensio* des eigenen Kreuzes, in das Besteigen der Kreuzesleiter soll er einwilligen; was zunächst bedeutet: in die *Fixatio*. Auf individueller Ebene hieße das: Du lässt dich »festnageln«. Du hinderst dich ganz bewusst und freiwillig daran, dem Problem – dem Konflikt, i.e. den im Kreuz symbolisierten Gegensätzen – auszuweichen. Du widmest dich ganz dem Aushalten dieses Konflikts. Du lässt Dir selbst keine *outs* mehr. Die Fixatio ist dafür Voraussetzung. Du bindest dich, du bist jetzt gebunden, heißt das, verpflichtet. Auch: Du bist jetzt kein Kind mehr – die »tausend Möglichkeiten der Kindheit« schnüren sich hier und endlich zu *einem* realen Fakt zusammen: deinem Jetzt-und-Hier, an das du gebunden bist. Nur so und hier wirst du verändert. Nur so und hier individuierst du. Nur so und hier wirst du dich wandeln; weichst du dir selbst, deinen Schatten und Unzulänglichkeiten, deinen schwärzesten Geheimnissen, deinen Feigheiten nicht mehr aus – und nimmst sie endlich an.

No Fiction. Fixatio. Dahin führt dich als erstes die Leiter zum eigenen Kreuz.

Noch ein Bild blieb lange, das ich nicht verstehen konnte: Was könnte es bedeuten, dass in dieser Legende – also im

Namen des kollektiven Unbewussten – dem Sohn Adams, Seth, also letztlich dem Menschen, das »Öl vom Baum des Mitleidens«, das *oleum misericordiae*, auf so lange Zeit hin verwehrt bleiben soll? Psychologisch würde ich es heute so verstehen: Das Öl der Barmherzigkeit, das wäre, wonach Seth fragt, wäre: das den Menschen Erlösende. Psychologisch hieße das: *Sinn.*

Sinn aber würde dir, gemäß dieser Legende, erst gewährt, wenn du dein Kreuz bestiegen hast. Den Baum der Erkenntnis. Wenn du dieses im Zweig Gegeben-Gewährte, dieses in Menschenerde Gepflanzte, dein eigenes Kreuz besteigst – den Konflikt aushältst –, würde dir Sinn offenbar. *Deo concedente.* Das erinnert an die Parallele zum Wort Jesu: »Wer mir folgen will […], der […] nehme sein Kreuz auf sich täglich« (Lk 9,23). Der gleiche Gedanke, das gleiche Bild letztlich. Es ist die Bindung ans eigene Kreuz, an den – wie uns die Legende versichert: Baum der Erkenntnis, den Baum deiner Individuation. Erst dann kommt in diesen täglichen Leidensprozess *Sinn.* Die Hölle – ist sinnloses Leid. Das Leid eines jeden wird erst erträglich, wenn er Sinn sieht.

So entstünde am Ende, wenn man der Schnur der notwendigen Bilder des Unbewussten bis nach unten nachgetaucht ist und sich dann, nach dem Wieder-Auftauchen, im Licht des Bewusstseins mit ihnen auseinandersetzt:

Sinn.

Das sage nicht ich, das sagt, meine ich, das Bild vom in Aussicht gestellten »Öl des Baums der Barmherzigkeit«. Es gilt also, die Sprache des Unbewussten hören zu lernen. Die Sprache des Baums der Erkenntnis, der in Bildern spricht, die von uns erkannt sein wollen. Sie sind Gottes, sind sein eigenes *cognoscam sicut et cognitus sum* (»Ich werde erkennen, so wie auch ich erkannt bin«).

Darin besteht das verpflichtende Opus, wächst die Arbeit, in der wir stehen, Deus *et* homo. Das ist die Aufgabe des

Schriftstellers, des Künstlers, des Menschen, wie ich sie verstehe.

Diese Gedanken und Reflexionen zu Träumen und Traumdeutungen, die mich in den Jahren der Arbeit an »Sunrise«, dem »Buch Joseph«, und darüber hinaus bis in die jüngste Arbeit hinein (»Gottesquartett – Erzählungen eines Ausgewanderten«) beschäftigt haben, fanden ersten Niederschlag in jenem Roman, verzweigten sich tief in ihn hinein. In der Person meines Joseph konfrontierte, erlitt und suchte ich Antworten, um letztlich Lösung zu finden. *Sinn.* Joseph, würde ich sagen, fand ihn. Der »Tisch der Generationen«, an dem er am Ende des Buchs Platz nimmt, wuchs aus jenem Zweig vom Baum der Erkenntnis.

Ich will Ihnen hier nur *eine* kurze Probe aus dem Buch selbst geben und wähle natürlich die Szene, zu der jener Traum von der Kreuzesgrube mir und Joseph Bild und Grundlage geliefert hatte. Joseph ist mit dem zwölfjährigen Jesus und mit Maria von Nazareth nach Jerusalem unterwegs, um dort das Pessach zu feiern. Es ist wenige Wochen vor dem entscheidenden Traum vom Sohnesopfer, das Gott von Joseph fordert:[7]

Als aber Maria schlief und die Seinen schliefen, auch die Söhne drüben beim Feuer lagen im Schlaf, da kam in der zweiten Nacht nach dem Aufbruch aus Nazaret ein Traum zu Joseph und trat vor den Schlafenden hin, dass Joseph ihn sehe wie mit offenen Augen.

Denn da, im Traum – vor dem Ort, darin Gott einst hatte wohnen lassen Seinen Namen, bevor er den Ort verließ – war Joseph verlassen.

7 Patrick Roth, *Sunrise. Das Buch Joseph*, Göttingen 2012, 138–144.

Und nicht mehr die Seinen, die schliefen bei Nacht, sondern Stille umgab ihn, den einzigen unter der Sonne des Traums.

Denn um Joseph war's wüst und leer, zu Sand geworden das Land.

Und Brandgeruch stach in die Nase des Träumers, als habe Feuersbrunst alles im Umkreis verheert. Und alles war gelber Sand, so weit hinsah das Auge Josephs. Und die Sonne brannte hernieder.

War Wind zu hören im Traum?

Wind war zu hören. Kam aber und ging. Und blieb schließlich aus.

Und dann war es still?

Totenstill. Am hellichten Tag.

Wo stand er also, Joseph, im Traum?

Er stand auf der Stelle und sah umher und suchte hin über den Sand. Da war gelber Sand, so weit reichte das Auge.

Und suchte wohin und nach wem?

Suchte die Seinen, die ihm lieb waren über alles. Suchte, wo sie lägen oder stünden, wartend auf ihn, dass er sie wiedererkenne und nach ihnen rufe.

Und sah er welche?

Er sah niemand. Keinen Menschen. Kein Lebewesen. Auch nichts Kauerndes oder sich Krümmendes. Denn alles bis an den Horizont war gleichhin ebener Sand.

Jetzt aber, ein Schritt. Ging er nicht einen Schritt vorwärts?

Einen Schritt ging er vorwärts. Und zu hören war leise der Sand, nachgebend, weichend, sich wölbend unter der Sohle.

Dann, als er stand, rieselnd zu hören, nur leiser noch: Sandkörniges, das vom Kamm der im Hintritt entstandenen Wölbung zurückrieselte, einzelne Körner, dünig hinab vor die Zehen.

Und das noch hört er?

Er hört es, denn sonst ist nichts zu hören.

Und er fühlt –?

Angst. Nichts als Angst. So, völlig beraubt der Seinen und seiner Welt, auf der Stelle zu stehen.

Und der Brandgeruch stach ihn, und aufstach in ihm Erinnerung an die Feuer. Zwölf Jahre war's her. Dort am Weg nach Sepphoris, als Garten, Gehöft und Landhaus niederbrannten des Römers.

Und da, kam nicht endlich ein Wind, traf an sein Ohr?

Nein, der Wind war gekommen, gegangen, blieb aus. Blieb lange Zeit aus.

Und dann kam, wie von einzelnem Windstrahl getrieben, ein einzelnes Sandkorn hin übers Land und schoss und traf die Muschel des Ohrs Josephs. Hörbar und spürbar, vernehmbar. Denn die Windung hinab rieselte es hin, einzig hinein in sein Ohr.

Und da kam ein zweites Sandkorn, windstrahlgetrieben. Und traf.

Und ein drittes und viertes, ein fünftes und sechstes. Und trafen nun schneller ein, hintereinander das siebte und achte und neunte und das zehnte schon gleichzeitig fast mit dem elften und zwölften, dreizehnten, vierzehnten.

Und schossen heran, schossen im Nu, denn schon flutete's windgetragenen Sand, schossen unzählbar die Körner im Strome. So dass Joseph unter verdunkeltem Himmel weiterzog im Geprassel, getriebenen Schritts – wohin, wusst er nicht. Und beugte das Haupt, zu sehen.

Da strauchelt er, fällt, hält aber im Fall sich noch fest. Hält sich fest, fällt nicht tiefer.

Und sieht jetzt, dass sein Fuß strauchelte, weil er hinaus über den Rand getreten war einer riesigen Grube.

Denn an deren Rand hielt er sich fest, fiel nicht tiefer.

Und da sieht er, nicht weit – er zieht sich am Rande hinüber –: eine Leiter. Die führt hinab in die Grube.

Und Joseph erreicht die Leiter und steigt sie, unters Wehen des Sands steigend, zehn Ellen hinab.

Bis zum Fuße der Leiter.

Und kommt am Fuße der Leiter auf einem Vorsprung zu stehen der Grube im Sand. Und steigt von dort abermals tiefer hinab in die Grube, eine zweite Leiter hinab, zehn Ellen tiefer.

Bis auf den Grubengrund.

Und als er den Fuß setzt auf den ebenen Grund der Grube, wohl zwanzig Ellen tief unter der windgetriebenen Sandflut, da erkennt er das Ausmaß der Grube.

Denn ihre Wandung war wie von Handwerkern säuberlich ausgeschachtet und glatt. Und war auf dem Grunde doppelt so lang und doppelt so breit wie die Tiefe, in die ihn die Leitern geführt hatten hinab.

Und das Staunen Josephs, als er das Ausmaß der Grube ermaß, in die er hinabgestiegen, verflog es schon bald?

Ermessen war nichts und wie Nachhall die Schätzung, die er mit erstem Auge geschätzt. Wie Nachhall und Raunen unter der windgetriebenen Sandflut. Und Josephs Staunen, nicht verflog es, sondern wuchs an.

Denn ein anderes als das vom Auge zunächst Erfasste, schlug stärker an, stärker noch als das Ausmaß der Grube. Stärker noch als sein Fragen, wer sie gebaut und wer die Leitern gestellt, als sein Rätseln, ob heute, ob gestern, für morgen.

Stärker noch schlug etwas Joseph, den Träumer, der da stand auf dem Grund jener Grube, tief unter Windflut aus Sand.

Denn Joseph stand nicht allein. Und die Grube, die große, die lag nicht leer vor ihm da.

Sondern – schon geht Joseph vorsichtig hin, den ersten Schritt darauf zu, zögernd den zweiten und dritten:

Da liegt flach, inmitten der Grube, ausgestreckt, dass die Enden reichen bis vor die glattgeschachteten Wände:

Mächtig ein hölzernes Kreuz, wie er nie gesehen.

Und der Längspfahl des Kreuzes ist stämmig geschälter Pfahl, ist es aber nur bis zum Querbalken hin, der stämmig querend sich fügt in den Pfahl.

Unterhalb aber der Querung des Kreuzes ist es Pfahl nicht mehr, sondern Leiter geworden. Die zieht längs der Holme sprossabwärts ans Ende, zur ersten Sprosse hinab des Kreuzes, das lag inmitten der Grube.

Da trat Joseph heran, Schritt für Schritt, vom Anblick des gewaltigen Marterwerkzeugs schwerer beschwert. Denn das Qualgerüst zeugte ihm tiefe Angst.

Und näher kommend, fühlt er: Es bannt sie zugleich. Staut meine Angst und löscht sie. Und, kaum gelöscht, lässt sie auflohen wieder.

So dass er tastend wie durch ängstlich wucherndes Flammengestrüpp sich reisst, um vorwärts näher zu kommen.

Und Joseph bricht ins Knie, nähergekommen dem Kreuz.

Denn er vernimmt die Schreie der Holme der Leiter. Hört – als würde er wahnsinnig – menschenschreien das Holz.

Ins Ohr dringt längsgezogenes Qualgeschrei, von längsauf und längsab her der Stangen der Leiter. Und zwischenhin, quergedrängt durch den Schmerzenlärm jener, hört Joseph süßlich duftendes Gurren. Hört's zärtlich lockend – wie taubenher – gurren und zwischenhin flüstern und flackern. Es ist aber das Gurren und Locken steigender, fallender Sprossen der Leiter. Sind Sprossen, die locken bestiegen zu werden. Die schläfrig locken, zu stehen aus dem Schlaf. Noch nicht im Stand stehen die Sprossen, aber locken im Liegen herbei den Besteiger, im Schreien der Holme sich wölbend um ihn, diesen einen: ›den lieblichen Spross unsrer Sprossen!‹ So rufen ihn nämlich die Stimmen der Leiter.

Und Joseph vernimmt's.

Da reicht hin und fasst an: Josephs Hand. Erreicht seine Rechte das schreiende Holz.

Und flammend heiß, so dass er zurückzog die Hand, war das Holz. Aber kein Feuer daran zu sehen.

Und als er die Finger zum Mund zog gerötet, sie mit Speichel zu kühlen, da roch er und schmeckte er Salz. Frisch noch, als flösse unsichtbar Meer über die Holme, bemäntle das Holz mit unsichtbar-gläsernem Mantel.

Und bernsteinbraun gelbgeädert leuchtete Joseph das Ende der Holme der Leiter. Als fiele die Angst dort der Schreie der Holme: versteinernd aufs Holz selbst zurück. Und färbte's und äderte's so, versteinernd das Holz.

Im lockenden Gurren der Sprossen aber drang's grün durch den gläsernen Mantel herauf. Und spross und grünte hinab bis zur untersten, ersten.

Und über den untersten Sprossen – Joseph sah hin, noch auf Knien – da schwebte verharrend ein Blatt.

Und das Blatt war blau, und bläulich glimmend und glosend die gewölbten Ränder des Blatts, und es schien alt und vertrocknet. Und doch verharrte es, windgebogen an Form, wie lebendig noch schwebend, knispernd im Hauche des Winds. Denn als hielten es Winde aus Richtungen vier, die träfen hier bindend das Blatt – beugend es sanft, als sei's jung noch und frisch –, so verhielt es in Schwebe über den untersten Sprossen. Und war bläuliches Blatt überm Grün solcher Sprossen. Und sank nicht noch hob sich, noch wich hin zur Seite. Sondern harrte, kräuselnd gebogen, wie Welle vorm Fall.

Das Blatt aber ist aus dem Garten getrieben. Ist gefallen vom Baum in die Grube herab, verharrend so überm

Holz. Als falle es noch, wie's gefallen. Es ist tot und lebendig, es ist salzig und süß. Und war bläuliche Nahrung des Baums.

Zu der reckte sich Joseph, gezogen. Und doch durfte er, so wusst er im Traum, noch nicht wagen, davon zu essen.

Und erwachend vom Schlaf, da war es noch früh, lag Joseph und blieb unbeweglich unter den Bildern, die er im Traume geschaut.

Und vermochte nicht, sich zu bewegen. Aber als wagte er's nicht. Als wär der Traum nicht zu Ende geschaut.

Denn gegen Ende der Bilder, kurz vor Erwachen, fand Joseph nicht mehr die Leitern, daran er war in die Grube hinabgestiegen. Weder die zweite, die reichte herab auf den Grubengrund, noch die erste, die ihn hinabgeführt hatte zur zweiten.

Da, gefangen im Grab der Grube, wollte Joseph fliehen mit der einzigen Leiter, die blieb.

Wollte stemmen das mächtige Kreuz, über die Sprossen der Kreuzleiter hinauf zu entkommen der Grube.

Aber welcher Riese hätte's ihm aufzustellen vermocht, das Kreuz dieser Grube?

Und erwachend, aber noch nicht erwacht, ist ihm: Er kniet neben dem liegenden Kreuz und vernimmt über sich, leise wie Wind, das Treiben gläsernen Meers. Da, auf dem Grund in der Stille, wägt Joseph die Rätsel, die ihm vor Augen gestellt:

Wer hier gegraben die Grube. Und wer hier gelegt solches Kreuz. Und ob zu vergraben war im Geheimen das Kreuz, es zu vergessen? Oder ob es jüngst ausgegraben war einem, der käme, es aufzurichten erinnernd.

Wer aber hatte gelegt, was kein Mensch aufrichten kann?

Da, Joseph endlich stand auf, umstanden von den Bildern des Traums.

Und die Schwachheit, die ihn in der Grube bedroht, die ließ ihn nicht los. Noch ließ ihn der Brand, der ihm rotstach die Finger, als er berührte den Holm. Noch das Salz, das er salzig mit Zunge und Lippen geschmeckt. Und die kreuzenden, querenden Stimmen der Holme und Sprossen, sie ließen ihn nicht.

Sondern schwer stand auf Joseph, erhob sich wie ein Beladener. Als müsse er lösungslos tragen, was er geschaut. Und rückentragen hinauf nach Jerusalem die Schwere der meeriggläsernen Last.

Karl-Heinz Ott

UNTERWEGS

An einem nasskalten Tag flüchtete ich in der Wiener Innenstadt vor einem Wolkenbruch in eine Kirche und geriet mitten an einem Werktag in ein Hochamt: mit Rauchfasss schwenkenden Ministranten und einem Priester, der im goldglitzernden Ornat, mit dem Rücken zur Gemeinde, die Messe lateinisch zelebrierte und durch ein ornamentales Gitterwerk von den schwarzgekleideten, mit Kopftüchern zugeschnürten alten Frauen, deren Gesänge müde und der Gebete mühselig klangen, getrennt war.

Ich war unversehens daheim, um dreißig Jahre zurück in die Kindheit versetzt, und sah mich als Ministranten, auf den Altarstufen kniend, das ›Confiteor Dei‹ aufsagen und wusste wieder, wie aufgeregt ich, wenigstens in der ersten Zeit, vor diesen öffentlichen Auftritten war. Unser Pfarrer missachtete die Weisungen des Zweiten Vatikanischen Konzils, die Liturgie den Heutigkeitsbedürfnissen anzupassen, und hielt so lange am jahrhundertelang gültig gewesen Regelwerk fest, bis sein Bischof ihm die frühzeitige Pensionierung androhte. Erst dann ließ er sich auf die neue, von den Reformern als gemeindefreundlicher angepriesene Gottesdienstordnung ein, und weil er sich fügte, konnte er weiterhin von der Kanzel herab Franco als einen eisernen Katholiken rühmen und gegen den gottlosen Willy Brandt hetzen, der Deutschland in seinen Augen an die Russen verkauft hat.

Keiner hat ihm je widersprochen, und jene Orte, an denen andere Überzeugungen umgingen, lagen weitab von unserem Dorf. Seine Glaubenswelt galt uns mitsamt ihren tagespolitischen Schlussfolgerungen als so unangreifbar wie die Gewissheit, dass dem Tag die Nacht und der Nacht der Tag folgt. In diesem Kosmos wollte ich seit langem nicht mehr beheimatet sein, aber während in mir dieser in der Kindheit gedrehte Film ablief, spürte ich, wie dieses rituelle Schauspiel mir bis heute näher ist als jene disputierseligen, pfadfinderfröhlichen Kirchentagsdiskussionen, die mich alle zwei Jahre über den Fernsehschirm erreichen. Leben möchte ich zwar in offenen, von keinen ewigen Wahrheiten erstickten Räumen, als Zuschauer ziehe ich aber den Bühnenzauber mit all seinen Verführungskünsten den verantwortungsschweren Humanitätsdebatten vor.

Damals, in unserem Dorf, waren alle religiösen Grundsatzfragen gelöst, weshalb es sie gar nicht gab; ihrer Wahrheit musste in den heiligen Handlungen lediglich gedacht werden. Als ich in dieser Wiener Kirche dem Pfarrer und seinen Ministranten zuschaute, flimmerten die damaligen Maiandachten, die durch den dunklen Klosterpark verlaufenden Lichterprozessionen und die Fronleichnams-Blumenaltäre vor meinen Augen, und es kam mir jene erst viel später erlebte Ostermette in Thessaloniki in den Sinn, deren Gesänge mich mitternachts vom Meer weg in die Kirche lockten, wo ich mich, inmitten von Weihrauchschwaden, zwischen diesen Gläubigen fremd und aufgehoben zugleich fühlte und mir wünschte, wenigstens für eine Weile ihre Erlösungshoffnung noch einmal teilen zu dürfen. Und wie zur Ernüchterung erinnerte ich mich auch an den greisen Pater Haberstroh, bei dem wir im Internat am liebsten ministrierten, weil er die Morgenmesse an seinem Seitenaltar nur für sich allein, als seien wir gar nicht vorhanden, in weniger als einer Viertelstunde hinter sich brachte, und bei dessen rasend vollzogener Verwandlung von Brot in

Jesu Leib das gezischelte *hoc es corpus meum* sich tatsächlich wie Hokuspokus anhörte.

Zwei Wochen nach diesem Wiener Ereignis starrte ich im Stuttgarter Staatstheater in die von russischen Schauspielern während einer neunstündigen ›Orestie‹ wieder zum Leben erweckten Antike. Ich verstand kein einziges Wort, begegnete aber in den bezirzenden und bedrohlichen, vernichtungsgierigen und friedenssehnsüchtigen Stimmen, im chorischen Auftrumpfen und Geraune, in den hochfahrenden und heillosen Monologen allen Schwingungen und Schwankungen, denen eine Seele ausgeliefert sein kann. Nach diesem nur allzu kurzen Bühnenmarathon bebte ich am ganzen Leib und wollte im Theaterfoyer und auf der Straße niemandem begegnen, in der Furcht, in einen Heulkrampf auszubrechen, der im Inneren längst tobte. Zum ersten Mal erfuhr ich, dass jene Katharsis, die im Zuschauer eine schwerlich nachprüfbare und doch spürbare Verwandlung bewirken soll, sich sogar in körperlichen Katarakten ausdrücken kann.

Als ich durch Stuttgarts nächtliche Straßen ging, kam mir auch die Wiener Eucharistiefeier in den Sinn, und ich wusste nicht, ob mich der Festglanz und das Orgeldröhnen eines Hochamts oder die am Karfreitag düster zelebrierte Passionsgeschichte einst auch so aufgewühlt hatten wie jetzt das Drama der Klytaimnestra und ihrer Kinder. Ich wusste nur, dass das Theater mich hören und schauen ließ, bis ich nur noch aus Hören und Schauen zu bestehen schien, und dass es mich so übermächtig in seinen Bann zog, dass ich glaubte, während dieser zeitlos gewordenen Stunden spiele sich dort, auf dieser Bühne, die keiner bloßen Bühne mehr glich, sondern sich in den allerweitesten und zugleich dichtesten Wirklichkeitsraums verwandelt hatte, eine so übergeschichtliche wie alle Geschichte beherrschende Wahrheit in ihrer sichtbarsten Gestalt ab. Dabei musste ich, anders als im Gottesdienst, hier an nichts Bestimmtes glauben, an keinen Himmel und keine Verdammnis, und konnte doch beides auf ganz irdische Weise in diesem Drama durchleben.

Im Nachhinein kam mir das Wiener Hochamt weitaus kämpferischer als die ›Orestie‹ vor, obwohl in der Kirche keine sichtbare Gewalt im Spiel war und das Gemurmel der alten Frauen träger klang als das chorische Beben dieser russisch redenden Männer aus Argos. Auf der Bühne fügten sich viele Stimmen ineinander und rannten gegeneinander an, ohne dass einer einzigen die ganze Wahrheit gehörte, während in der Messe der Priester als Stellvertreter eines Gottes auftrat, den er und seine Gemeinde für den einzigen halten. Die auf einen Höchstgewaltigen hin orientierte Liturgie betrachtete ich aus dem Blickwinkel eines Zuschauers, der sich selbst in einem Film begegnet, in dem er einst in einer zwar bescheiden, damals aber gewichtig erscheinenden Rolle mitgespielt hat. Und weil er das Drehbuch immer noch kennt, fühlt er sich in ihm daheim, obwohl er dessen kultische Szenen mit den Augen eines Fremden beobachten möchte, der dieser Welt aus neugierigem Abstand staunend begegnet.

Selbst wenn sie vom Eingeschlossensein handeln, weisen Bühnenräume in eine Unendlichkeit, die nicht über den Wolken liegt, sondern in jenes Meer hinausweist, das sich für mich hinter jeder Theaterszenerie öffnet, seit ich von Delphi aus hinab auf den Golf von Korinth sah und dachte, hier hätten die Götter nie einer menschlichen Gestalt bedurft, da sie immer noch hörbar und sichtbar in den Naturmächten leben. Vom Fels schaute ich, über Olivenhaine hinweg, zum Horizont hinab, wo Meer und Himmel ineinanderfließen, unter meinen Füßen eine steinerne, von ihren Figuren längst verlassene Schaustätte, die noch in ihrer Leere von einem Leben kündet, das in seiner Abwesenheit nachglüht.

Ganz anders blicke ich, immer kleiner werdend und gekrümmt, in den gegen alles Außen abgeschotteten Kathedralen zu den Deckengewölben, zu den Heiligen- und Märtyrerstatuen und zu den Lichtrosetten hinauf, mit dem erniedrigenden Gefühl, am unteren Ende einer Leiter zu stehen, die allem, was lebt, einen Rang in einer steilen Stufenordnung und damit eine Ferne oder Nähe zu diesem einen, alles überwachenden, am Jüngsten Tag strafend auftretenden Gott zuweist. Als ich vor wenigen Wochen auf dem klobigen Turm der Schlosskirche in Wittenberg den Luther-Vers »Ein feste Burg ist unser Gott« las, stellte sich mir dieser ganze Glaube als ein Bollwerk dar, und jede Kirche wollte mir bei diesem Anblick als eine Trutzburg erscheinen.

Der Unterschied zwischen einem Theater und einem Gotteshaus, so dachte ich in dieser Stuttgarter Nacht, zeigt sich am deutlichsten daran, dass an den Verkündigungsorten nicht gelacht wird. Die Selbstzerfleischungskämpfe der Agaier gaben zwar keinen Anlass zum Kichern, zwischen ihren Anklage- und Rachereden schimmerte jedoch ein alltägliches Leben durch, das, wie überall, des Komischen nicht entbehrte. Seiner Tragödien-Trilogie ließ Aischylos, wie im alten Griechenland üblich, ein Satyrspiel folgen, das wir Heutigen, weil es verschollen ist, nicht mehr aufführen können. Zu der Größe, sich aus den dunklen Wahrheiten und trunkenen Hoffnungen in einem Anfall schicksalsergebenen Verzweiflungsjauchzens hinaus zu lachen, reicht es den Gläubigen nur selten.

Als Kind träumte ich beim Einschlafen an nicht wenigen Tagen den Besuch des Papstes vorbei und malte mir aus, wie sein Erscheinen unser Dorf, seine Giebel und Dächer, die Allee- und Klosterbäume, die Gärten und Gassen, die Wiesen und Felder um unsere Ortschaft herum, aber vor allem uns selbst mit einem verklärenden Leuchten umgeben würde.

Nicht Jesus und nicht Maria und schon gar nicht jener Gott, der mir in seiner Allgewaltigkeit vor allem bedrohlich und keineswegs lieb zu sein schien, sondern der Papst sollte im blütenweißen Gewand, mit Hirtenstab und Tiara unsere Straßen durchschreiten, und seine Gunst, einen Tag lang unter uns zu weilen, sollte alle, die in diesem Dorf leben, erlösen, ohne dass ich gewusst hätte, wovon Paul VI. uns hätte befreien sollen.

An all das dachte ich in dieser Wiener Kirche, und wenige Tage danach, in jener Nacht, als ich zitternd durch die rotlichternden Gassen der Stuttgarter Altstadt ging, kam mir Rom weit abseitiger vor als Troja, und meine Kindheit rückte mir so fern, als habe derjenige, dem diese Erinnerungen kommen, mit diesem anderen, der früher vom Papst geträumt hat, nichts zu tun, als seien es zwei verschiedene Wesen, die sich zufällig einmal über den Weg gelaufen waren. Doch beide, der Großgewordene und der Heranwachsende, sehnten und sehnen sich immer noch nach dem überwältigenden, zur Wirklichkeit werdenden Theater. Den Ministranten hatte es täglich in den Klosterpark gezogen, wo er den Goldfischen im Teich zuschaute, den Schwestern beim Rechen der Kieswege half und mit ihnen beim Angelusläuten, betend zwischen den großmächten Bäumen stehend, zur lebendigen Statue erstarrte. Obwohl dieser Park mitten im Dorf lag und durch seine Hecken die Traktor-, Mähdrescher- und Kreissägengeräusche und auch die Flüche seines Onkels wie aus weiter Ferne hereinwehten, fühlte er sich dort in einem seligen Zeitstillstand. Noch heute wünscht der Erwachsene sich, wenn er an einem Kloster vorbeikommt, wenigstens einen halben Tag in dessen Innenhof zubringen zu dürfen.

Für den Gottgläubigen wie den Gottfernen gibt es eine Andächtigkeit diesseits der Glaubenswelten: Wann immer ich draußen auf einer Bank einen Lesenden sehe, begegnet mir ein Friedensbild, und dieser Segen ist an keinen bestimmten Text gebunden. Ohne diesen in eine Schrift hellwach Versunkenen zu kennen, vertraue ich ihm in diesem Augenblick, als ginge nie eine Gefahr von ihm aus. Ob er sich auf seiner einsamen Pilgerfahrt gerade im Himmel oder in der Hölle befindet, spielt keine Rolle, denn er ist unterwegs und noch nirgends angekommen. Jedes Buch kann für ihn zum Buch der Bücher, zu einer Bibel, zu einer Offenbarung werden, die ›Orestie‹ des Aischylos ebenso wie die Evangelien. In der Dichtung muss der Lesende an nichts glauben, aber auch nichts widerlegen. Sie erlöst ihn vom Meinen und Müssen und kann ihn in einen Schwebezustand hineingleiten lassen, in dem Erregung und Ruhe, Gier und Erfüllung eins sind.

Als ich an diesem nasskalten Herbsttag aus der Wiener Kirche auf den von Regenwind durchpeitschten Platz hinaustrat, stülpte der Sturm nicht nur meinen Schirm um, als sollte, auf höhere Weisung, das herabströmende Wasser nicht abgewehrt, sondern aufgefangen werden. Anderen, denen das Kunststück gelang, ihren Schirmen die Kuppelform zu erhalten, drohte wie dem Fliegenden Robert das Verschwinden in einem schwarzgrauen Himmel. Mir kamen jene salomonischen Verse in den Sinn, die behaupten, sowohl die Weisheit als auch die Gottgefälligkeit seien nichts als ein Haschen nach Wind, und ich dachte, hier, auf diesem Platz, kehre sich das Verhältnis von Suchen und Heimgesuchtwerden um, und der Wind greife auch nach denen, die sonst nach ihm schnappen. Ich flüchtete in die Kirche zurück, um mich vor einem solchen Ergriffenwerden zu schützen. Ein Theater hätte mir um diese taghelle und doch dunkle Stunde seine Tore noch nicht geöffnet.

Thomas Hürlimann

DAS SYMBOL DES KREUZES

Als ich in Zug, einem katholischen Innerschweizer Städtchen, geboren wurde, hätte es wohl niemand für möglich gehalten, dass ich dereinst einmal an einem Buß- und Bettag im ehrfürchtigen protestantischen Großmünster in Zürich sprechen würde.[1] In der Primarschule waren wir 44 Knaben, 40 von ihnen katholisch, und die Protestanten erkannten wir daran, dass sie beim Religionsunterricht die Klasse verlassen mussten.

Die Protestanten galten als intelligenter, sie besuchten das Gymnasium, und da an der Zuger Kantonsschule hauptsächlich protestantische Professoren unterrichteten, war es eine altbewährte Regel, dass man als bildungsfähiger Katholik in eine Klosterschule kam, ich ins Kloster Einsiedeln. Wir trugen schwarze Kutten mit engen Kragen und bekamen von gelehrten Patres jene Vertikale eingetrichtert, die sich aus der Tiefe des Alten Testaments und der griechischen Philosophie zu Thomas von Aquin erhob.

An einer praktischen Anwendung dieses Wissens war man weniger interessiert. Das war Sache der Protestanten. Die richteten ihre Bildungsanstalten naturwissenschaftlich aus und produzierten so die Elite, die die Industrie, die Banken, das Militär und somit das Land beherrschte. Der Protestantismus hatte den Schweizer Kulturkampf gewonnen. Die Strassen der katholischen Innerschweiz waren holprige

1 Kanzelrede im Zürcher Großmünster am 19. September 2021.

Pisten, und wenn wir Katholiken auf glattem Asphalt fuhren, fühlten wir uns stets ein wenig unwohl. In solchen Gegenden rochen die Leute nach Seife, nicht nach Schweiß wie bei uns, und im Straßenbild sah man weder flatternde Nonnenhauben noch am Bahnhof lungernde Lazzaroni.

Einige Zeit später, in den achtziger und neunziger Jahren, lebte ich mit einer protestantischen Pfarrerstochter zusammen, ohne dass das in irgendeiner Weise auffällig gewesen wäre, und unsere kulturelle Differenz zeigte sich höchstens noch im Gebrauch der Zahnpasta. Die Protestantin rollte die Tube fein säuberlich von hinten her auf, während ich, der Katholik, auch einmal patschig in der Mitte zudrückte.

In unserer Religion jedoch, soweit wir überhaupt noch religiös waren, hatte sich die Differenz zwischen den beiden Glaubensgemeinschaften aufgelöst. Kathrin, die stets unter dem Schatten des Karfreitags gelitten hatte, lernte durch mich einen Gott kennen, der nicht die Gewissensinstanz im Innern des Individuums, sondern ein österliches Ereignis in der aufblühenden Natur oder in einem lateinischen Gottesdienst ist, und ich begriff durch Kathrin, dass sich das zentrale Geschehen des Christentums am Kreuz ereignet hat.

Kathrin wurde katholischer, ich protestantischer, und Zürich erging es ähnlich. Katholische Gastronomen brachten ein südliches Flair in die Stadt, und die Totenstille, die sich einst an einem Karfreitag über sie gesenkt hat, gehört wohl für immer der Vergangenheit an. Am Eidgenössischen Buß- und Bettag dürfen wir feststellen: Unserer Demokratie gelang es, im Religiösen Frieden zu stiften – das ist eine bewundernswerte Leistung. *Aber.* Aber dieser Frieden, worin sich die Differenzen versöhnten, hat sich mittlerweile in eine Art Brache verwandelt, in einen wohlstandssatten Nihilismus, der nicht mehr aus dem Geistigen lebt, sondern aus der Rohkost, dem Jogging und dem Velofimmel.

Schluss mit dem ewigen Feuer

Nein, ich wünsche mir die alten Zeiten nicht zurück. Pfarrhelfer Stocklin, eine finstere Gestalt aus dem Zug der fünfziger Jahre, redete uns Primarschülern im Beichtunterricht ein, Protestanten kämen samt und sonders in die Hölle, weshalb ich nach der Schule in die leere Kirche rannte und die Madonna unter Tränen anflehte, meinen protestantischen Freund Marcel dereinst nicht in einen brodelnden Kessel zu stecken.

Meine Mutter litt noch auf dem Sterbebett darunter, dass sie zwei Kinder tot geboren hatte und dass diese armen Wesen, da ungetauft, gemäß den Dogmen der katholischen Kirche von der Erlösung ausgeschlossen waren. Sie kamen zwar nicht in die Hölle, sondern wurden in den sogenannten Limbus eingeliefert, eine Art Embryonen-KZ mit flammenschwertbewehrten Wächter-Engeln. Papst Benedikt hat diesen Horror endlich abgeschafft, und ich wiederhole es: Gott sei Dank ist der Katechismus, der uns das Heulen und Zähneknirschen im ewigen Feuer androhte, an seinen eigenen Forderungen verbrannt. *Aber.*

Aber betrachten wir die Asche, müssen wir uns eingestehen, dass da mehr zerstört wurde als eine rigide Sexualmoral oder Unterschiede der Glaubensinhalte zwischen den christlichen Konfessionen. Die katholischen Zuger Kirchen, die in meiner Jugend jeden Sonntag voll waren, sind heute leer, und die Stadt ist stolz darauf, in der neuen Abdankungshalle auf unserem Friedhof religiöse Symbole eliminiert zu haben.

Um arabische Touristen nicht zu verletzen, wird das Kreuz von den Gipfeln geholt, und selbst die Spitäler der Innerschweiz haben es aus allen Räumen verbannt. Für das ewige Leben sind neuerdings Virologen und Politiker zuständig, und was über uns ist, ist nicht mehr Transzendenz, nicht mehr Metaphysik, es ist das versaute Klima.

1832 hat der junge schweizerische Bundesstaat für das gesamte Land einen halb religiösen, halb politischen Feiertag eingeführt, und da wir das Kreuz im Wappen haben, scheint es mir angebracht, an diesem Tag ein Wort zu diesem Zeichen zu sagen.

Tod und Auferstehung

Das religiöse Symbol, sagt der protestantische Theologe Paul Tillich, ist «sinntransparent». Das Symbol, zum Beispiel das Kreuz, weist auf den Erlöser hin, also auf ein metaphysisches Geschehen – durch das Symbol erreiche ich eine andere höhere Wirklichkeit, ich berühre die Sphäre des Heiligen, des Göttlichen. Sinntransparent heißt aber auch, dass das metaphysische Geschehen im Bild, im Sinnbild, uns erreicht, uns berührt. Im religiösen Symbol wird das Übersinnliche sinnlich, das Heilige irdisch, das Absolute anschaulich.

Die Religionen, lehrte der Religionshistoriker Mircea Eliade, erklären in ihren Kosmologien und Ontologien alle das Gleiche. Sie sind die Erzählung von der Erschaffung der Welt und des Menschen. Sie stellen dar, wie übernatürliche Wesen die Natur und uns hervorgebracht haben und wie die Kreatur in der Folge versuchte, den höheren Wesen, denen sie ihr Dasein verdankte, näherzukommen.

Dabei zeigt sich in den verschiedensten Kulturen eine ähnliche Struktur: Um das Übernatürliche zu erfassen, muss der Mensch seine Natur abstreifen, er muss einen rituellen Tod sterben, um dann als ein anderer, als ein Initiierter, als ein Verwandelter, eine Art Auferstehung zu erleben. Er nimmt an sich selbst einen Schöpfungsakt vor, deshalb kann er fortan nicht mehr daran zweifeln, dass Gott und Schöpfung wirklich sind. So fügt sich das Geschöpf in eine »heilige

Geschichte« ein, in die Heilsgeschichte. Der Mensch weiß jetzt, dass er von einem übernatürlichen Wesen abstammt.

Das Wort Stamm, Abstammung fällt in diesem Zusammenhang nicht zufällig. Je einfacher ein Ding ist, etwa ein Baum, der Stein oder das Wasser, desto besser eignet es sich als religiöses Symbol. Bäume, Steine, Wasser gibt es überall, sie sind universell, deshalb waren C. G. Jung und Eliade der begründeten Ansicht, die archetypischen Symbole würden auf ein kohärentes, einheitliches, überzeitliches, hinter allen Mythen und Religionen stehendes System verweisen.

Beispiel Wasser. Ob es in der Sintflut die Welt verwandelt oder in der Taufe den Täufling: Stets verweist das Wasser auf die Quelle, die uns aus dem Absoluten zufließt. Ein Symbol für die imaginäre Quelle ist auch der Kelch. Er legt sich an unsere Lippen und tränkt die innere Leere mit der Fülle des Ewigen.

Oder der Baum. Der Baum, sagt C. G. Jung, vereinigt in sich derart viele archetypische Dinge – die Sonne, die Erde, das Wasser, das Holz, die Frucht –, dass er in den verschiedensten Kulturen zum Zentral-Archetypus wurde, zur Fichte des Attis, zum Baum des Mithras, zur Weltesche Yggdrasil. Diese gewaltigen Stämme wurzeln in der Erde und tragen mit ihren ausgreifenden Ästen den Himmel. Sie vereinen das Tiefe und das Hohe, die Unter- und die Oberwelt, und vor allem: Sie beschenken uns mit Früchten, sie spenden uns das Leben – nicht nur das natürliche, auch das geistige.

Im Kreislauf der Natur

So stand früher auf jeder Richtstätte ein Rechtsbaum oder ein Rechtspfahl und verwies mit seiner Vertikalen, ähnlich einem Kirchturm, auf das Reich der Gerechtigkeit, aus dem das Urteil gefällt wurde. Gefällt heißt: Das Urteil kam von oben, wie die Frucht aus dem Baum – daran glauben die Richter, selbst die aufgeklärtesten unter ihnen, bis zum heutigen Tag. Indem sie mit einem Holzhammer auf einen Holzblock klopfen, verleihen sie ihren Worten einen metaphysischen Stempel.

Sie leiten ihre Macht aus dem Stamm ab, dessen Äste den Himmel tragen – und ich würde jede Wette eingehen: Die meisten von Ihnen halten es ähnlich. Mit der Beschwörungsformel «Touch wood!» greifen Sie unbewusst nach dem Lebensbaum, an dem Ihr Schicksal hängt. Dafür brauchen Sie sich nicht zu schämen. Was nach Aberglauben klingt, ist in Wahrheit ein kluges Bekenntnis zum Kreislauf der Natur, zur Wiederkehr des Gleichen, also zum ewigen Leben.

Der Zentral-Archetyp Baum vereint zum einen das Tiefe und das Hohe, die Erde und den Himmel, und zum andern ist sein Verwelken und Erblühen, sein Erstarren im Frost und sein Erwachen im Frühling ein Sinnbild für den Zusammenhang von Leben und Tod. In einem Spalt im Stamm der Weltesche Yggdrasil, erzählt die nordische Sage, überlebt ein junges Paar den Weltenbrand, und von diesem Paar – das Wort drückt es aus – wird nach dem großen Untergang das neue Geschlecht, der neue Stamm abstammen.

Der Lebensbaum, der ewig ist, garantiert der Menschheit die Fortsetzung, er gebiert aus dem Tod das Leben. Deshalb legten die Ägypter die Toten in Einbäume – darin sollten sie zu neuen Ufern treiben und dort, hinter der Zeitmauer, aufblühen und weiterwachsen in verwandelter Gestalt. Baumschiffe auf der Fahrt in ein besseres Leben sind auch die Holzsärge des Christentums, worin wir auf die Auferstehung von den Toten warten, und damit bin ich wieder beim Zeichen, von dem ich ausgegangen bin, beim Kreuz.

In Jungs «Symbole der Wandlung» ist ein Foto vom Westportal des Strassburger Münsters abgedruckt. Da erhebt sich das Kreuz in Form eines Lebensbaums aus Adams Grab. Es ist die gleiche Struktur wie in der nordischen Saga: Der Untergang ist zugleich ein neuer Anfang. Aus dem vermodernden Holz des Sargs und dem verwesenden Leib Adams wächst vielblättrig und vielfruchtig das Kreuz, an dem der dornengekrönte Christus einem neuen Leben entgegenstirbt.

Wie alle Lebensbäume aller Kulturen – das wird in der Strassburger Portalplastik anschaulich – ist das Kreuz zugleich ein Todes- und ein Lebenszeichen. Es zeigt mit seinen Balken nach oben und nach unten, und unmissverständlich zeigt es in zwei entgegengesetzte Richtungen, wie ein schizophrener Wegweiser. Hier geht's zum Leben, hier geht's zum Tod, die beiden Seiten jedoch, die in der Quere auseinanderlaufen, sind aus *einem* Holz, aus *einem* Stamm.

Das Sterben wird sichtbar

Religiöse Zeichen, habe ich eingangs Paul Tillich zitiert, seien «sinntransparent», das heißt: Nur dann, wenn wir zu ihnen aufschauen, kann sich das Absolute im Zeichen offenbaren. Nur wenn wir uns als Gezeichnete bekennen, erkennt uns das Zeichen.

Das Kreuz bezeugt wie alle Lebensbäume im Blühen und Welken und Wiederblühen das ewige Werden und Vergehen und Wiederwerden, und so ist das Großartige am Ereignis auf Golgotha, dass sich Gott durch sein Sterben ganz und gar in den natürlichen Kreislauf begibt, ins ewige Werden und Vergehen und Wiederwerden.

Am Totenpfahl, der zugleich ein Lebensbaum ist, identifiziert sich der Schöpfer mit seiner Schöpfung. Unter der finsteren Sonne und mit einem blutigen Gesicht voller Fliegen ist er ein Sterblicher wie wir. Er leidet, er schreit, er krepiert, aber er tut dies am Kreuz, am Holz, am Baum, der nicht nur das Absterben, sondern auch das Über- und Weiterleben symbolisiert. Mit den angenagelten Füssen und mit wie Schwingen ausgebreiteten Armen schwebt der Sterbende über der Erde und ist in dieser Gebärde bereits der Auferstehende.

In den vergangenen Jahren unternahm ich eine abenteuerliche Reise durch viele Spitäler, Intensivstationen, Operationssäle und unterirdische Bestrahlungsbunker. Das Wort Tod hörte ich nie, und ein Kreuz sah ich nur ein einziges Mal, im Kantonsspital Nidwalden in Stans. Es hing im Vorraum zum Operationssaal, also am richtigen Ort, an der Schwelle zwischen Leben und Tod. Wohin zeigt der Wegweiser, fragte ich mich, auf welcher Seite werde ich erwachen?

Die Scheiche aus Katar, die auf dem nahen Bürgenstock residieren, haben im Stanser Spital eine außergewöhnliche Intensivstation einrichten lassen, mit einem Panoramafenster, vor dem das Stanserhorn und die Engelberger Alpen liegen. Wenn sie schon einmal krank und in der Schweiz hospitalisiert sind, wollen die Herren aus der Wüste sehen, wie es regnet oder schneit, und da sie sich mit ihrem Geld diesen Wunsch erfüllen konnten, dürfen nun alle in Stans Operierten aus dem Nirwana der Anästhesie zurückkehren in den sichtbaren Kreislauf von Tag und Nacht, von Morgen und Abend.

Man hängt an den Schläuchen und zwischen Tod und Leben und erfährt sich im Angesicht der aufglühenden Sterne und erlöschenden Gipfel morphiumselig als Geschöpf einer Schöpfung, die das Werden und Vergehen und Wiederwerden auf wunderbare Weise vereint.

Das Kreuz bleibt

Heute ist den Schweizer Straßen nicht mehr anzumerken, ob man sich durch einen katholisch oder einen protestantisch geprägten Kanton bewegt. Hier wie dort der gleiche Asphalt, der gleiche Beton sowie, anstelle der früheren Kreuzungen, Kreisel. Seit ich in Neapel aus einem sechsspurigen, sausend sich drehenden, unentwegt hupenden kläffenden trötenden Verkehrswirbel etwa eine halbe Stunde lang nicht mehr herausgefunden habe, bringe ich dem Kreisel eine gewisse Skepsis entgegen – und ich erkenne darin ein Symptom. Der Kreuzzug gegen das Kreuz wird heute auch in der plattesten Form geführt – zum Beispiel von Tourismusmanagern auf den Gipfeln. Wissen diese Leute, was sie tun?

Klar, da tobt sich die wahnhafte Political Correctness aus, aber der wahre Grund wird wohl die Angst vor dem Tod sein. Was im Mittelalter und noch für den Zuger Pfarrhelfer Stocklin der Teufel war (dessen Name durfte nicht genannt werden), ist für uns Heutige der Tod – das macht die jüngste Vergangenheit mit ihrem Maskentreiben auf komödiantische Weise sichtbar. Nichts gegen die Maske, nichts gegen die Impfung, nur sollten wir wissen: Wir sind Sterbliche, so heißt unsere Gattung, das lässt sich weder leugnen noch wegimpfen.

Der Glaube, mit dem Abhängen der Kreuze lasse sich der Tod abhängen, ist ein fataler Irrtum. Nein, den Tod hängen wir nicht ab, auf den laufen wir zu, und genau aus diesem Grund, weil der Tod gewiss ist, sollten wir das Kreuz als Hoffnungs- und Überlebenszeichen stehen lassen. Denn es stellt den Lebensbaum dar, den vielblättrigen und vielfruchtigen, den immerwährend verwelkenden und aufblühenden, und wer dieses Symbol eliminiert, der verleugnet damit nicht nur seine Abstammung aus dem Abendland, er sägt auch die Äste ab, auf denen wir hocken.

Frank Schäfer

VIER GEDICHTE

MIT MENSCHUNG

für Emmanuel Lévinas

Einer,
nicht derselbe, der
so ist, der horcht, der ritzt bis
zur Haut, der kennt deinen Grund, der schlägt daraus
Gott, der näht dich, der nennt
dich, der fängt dich
mit
Menschung –

und Keiner
nicht Einer weiß weiter
mehr.

DEN KOPF STÜTZEN

Gegen
die lesbaren Zeichen im
Mund: du hast
eine Chiffre
für Gott vor der Haustür geschrieben, fürs lungrige
Hirn. Es wird dir so
eine den Kopf stützen müssen, wie es bis-
weilen die Luft kann, die
noch
zu
Gründende.

GEGENGESICHT

Die mit den schutzlosen Augen
essen, die haben
Licht (- beiß
dich an ihrem Dunkel
fest).

Du bist
der mit den leeren
Händen. Du
bist der ohne Haut. In dich schlägt ihr Gesicht ein, dass
Mitgericht ist, Gegen-
gericht.

MENSCH

Mehrmals (bei
Allwetter) war ich ein anderer
Mensch.

Mensch, es
ist auch ein Wort, es
könnte weiß Gott auch ein anderes Wort
sein.